期货投资者教育系列丛书

动力煤期货

中国期货业协会　编

中国财政经济出版社

图书在版编目（CIP）数据

动力煤期货／中国期货业协会编 .—北京：中国财政经济出版社，2014.11 （2024.2 重印）

（期货投资者教育系列丛书）

ISBN 978-7-5095-5802-7

Ⅰ.①动… Ⅱ.①中… Ⅲ.①动力配煤-期货交易-基本知识 Ⅳ.①F830.9

中国版本图书馆 CIP 数据核字（2014）第 262578 号

责任编辑：翁晓红　　　　责任校对：胡永立

封面设计：徐广山　　　　版式设计：董生萍

中国财政经济出版社 出版

URL：http://www.cfeph.cn

E-mail：cfeph@cfeph.cn

（版权所有　翻印必究）

社址：北京市海淀区阜成路甲28号　邮政编码：100142

发行处电话：88190406　财经书店电话：64033436

中煤（北京）印务有限公司印刷　各地新华书店经销

787×1092毫米　16开　14.5印张　220 000字

2014年11月第1版　2024年2月北京第4次印刷

定价：32.00元

ISBN 978-7-5095-5802-7/F·4689

（图书出现印装问题，本社负责调换）

打击盗版举报热线：010-88190492，QQ：634579818

期货投资者教育系列丛书编委会

编委会主任：刘志超
编委会副主任：侯苏庆　彭　刚　孙明福
编委会委员：陈冬华　刘国强　高永红　高　军
　　　　　　裘一平　甘正在　刘国平　王长松
　　　　　　姚　广

主　　编：刘志超
执行编委：余晓丽　刘保宁

本书编写人员

张朋程　黄福臣　高北权　李经涛　刘振海

总 序 言

近年来，在党中央国务院的正确领导下，随着《国务院关于推进资本市场改革开放和稳定发展的若干意见》的深入贯彻落实，我国期货市场取得了稳步较快发展的良好局面。但是由于当前我国期货市场"新兴加转轨"的特征依然突出，市场制度和结构仍存在缺陷，风险防范和化解的自我调节机制尚未完全形成，市场主体发育不成熟，我国期货市场的整体波动和投机性仍较强，这些都对期货市场的改革发展提出了新的挑战。

与此同时，在新的市场环境和对外开放的条件下，随着我国期货市场规模的不断发展壮大，国内市场与国际市场的联系日趋紧密，影响期货市场运行的外部因素也更为多样化和复杂化，由美国次级债危机引发的国际金融市场动荡不安，国内外商品市场价格频繁而剧烈的波动，都增加了期货市场风险控制和日常监管的难度，给我国期货市场的稳定、健康的运行带来了新的挑战。

在这样一个新的形势下，期货市场的持续活跃和规范运作吸引了许多新的市场参与者，期货市场的开户数快速增长，特别是新入市的个人投资者比重较大且呈持续上升趋势。大宗商品和资产价格的频繁剧烈波动也使越来越多的企业开始意识到利用期货市场进行风险管理的重要性。但是由于对期货市场的交易特点和运行机制缺乏详细了解，同时风险意识淡薄，受期货高杠杆、高回报的诱惑，而忽视了期货的高风险特征，导致非理性投资行为上升，产生了不必要的损失。投资者是期货市场的重要主体，期货市场的发展离不开投资者的积极参与，特别是成熟投资者的参与。因此，在当前我国期货市场的快速发展时期，做好投资者教育工作更加意义深远。

做好投资者教育工作，既是保护投资者合法权益、促进期货市场稳步发展的客观需要，也是加强我国期货市场建设、促进市场稳定运行的关键环节。持续不断地开展行之有效的投资者教育活动，使投资者了解期货高杠杆、高风险的特点，了解期货市场的产品及交易规则，减少投资者的盲目性，特别是牢固树立"买者自负"的风险意识，从而理性参与期货交易，增强投资者的自我保护能力，才是对投资者最好、最有效的保护。同时，通过投资者教育，有助于投资者客观、正确地认识和参与期货市场，可以进一步促进培育诚实守信、理性健康的市场文化，促进期货市场功能的有效发挥和市场的平稳有序运行。期货市场的投资者教育工作任重而道远，是一项长期的、系统性的工程，需要持之以恒地开展下去。

近年来，围绕投资者教育工作，期货市场的监管部门、自律组织与中介机构都深入进行了形式多样、内容丰富和卓有成效的大量工作。由中国期货业协会组织编写的这一套《期货投资者教育系列丛书》就是协会按照中国证监会的统一部署，贯彻落实期货投资者教育工作的重要措施之一。该丛书作为期货市场第一套系统介绍我国上市期货品种的投资者教育普及读物和中国期货业协会期货投资者远程教育学院课程的基础性教材，以广大普通投资者为服务对象，兼顾了现货企业等专业机构的需求。本套丛书在体例上采取简单明了的问答体例，在语言上深入浅出，通俗易懂，可读性强。在内容上，丛书以"风险教育"为主线，不仅对国内上市的期货品种基本知识和交易规则进行了详细介绍，更从期货品种相关的现货生产、加工、贸易和消费等产业链的各个环节对该产品的特性进行了系统介绍，从而使得投资者能够得到更加全面、深刻的理解。同时，丛书还选取了大量包括套期保值、套利交易等典型实务操作案例，作为投资者了解和学习该产品的辅助材料，充分体现了丛书的实用性和可操作性特点。衷心希望本丛书的出版能够为期货投资者了解期货市场，树立风险意识，理性参与交易提供有益的帮助。

姜　洋

目 录

第一章　认识动力煤　/ 1

　　一、什么是动力煤？　/ 1

　　二、动力煤和炼焦煤差别大吗？　/ 6

　　三、中国动力煤资源分布在哪里？　/ 7

　　四、动力煤是如何开采和加工的？　/ 8

　　五、动力煤的成本是如何构成的？　/ 9

　　六、动力煤下游消费行业有哪些？　/ 10

　　七、国内动力煤的流通贸易情况如何？　/ 12

　　八、全球煤炭贸易格局是怎样的？　/ 14

　　九、什么是动力煤价格指数？　/ 15

　　十、环渤海指数是怎么生成的？　/ 17

　　自测题　/ 23

第二章　了解动力煤期货　/ 26

　　一、动力煤期货合约有什么特点？　/ 26

　　二、动力煤的合约标的热值为什么定在 5 500 大卡/千克？　/ 29

　　三、5 000 千卡/千克与 5 500 千卡/千克的阶梯贴水合理吗？　/ 30

　　四、为什么动力煤期货的基准地会选在秦皇岛？　/ 32

　　五、进口煤港与交割基准地的升水标准是如何确定的？　/ 33

　　六、限仓制度对动力煤交割有影响吗？　/ 35

七、为什么动力煤4%的涨跌限制比股票小得多？／36

八、如何选择不同月份期货合约进行交易？／37

自测题／38

第三章　动力煤价格影响因素　／42

一、为何各地动力煤价格差异如此之大？／42

二、宏观经济对动力煤需求有何影响？／44

三、动力煤供应有什么特点？／47

四、进口煤对市场有什么影响？／48

五、产能过剩是怎么回事？／49

六、成本支撑的说法有根据吗？／50

七、如何衡量供需对比的结果？／53

八、政策和行政干预对煤炭行业有何影响？／56

九、资金对期货价格有什么影响？／57

十、动力煤期货与相关品种之间的行情如何联动？／59

自测题／62

第四章　煤炭企业如何利用动力煤期货　／66

一、什么是动力煤期货的套期保值？／67

二、煤炭企业参与套期保值有哪些好处？／71

三、煤炭企业参与动力煤期货有哪些策略？／77

四、中间贸易商参与动力煤期货的方式有哪些？／80

五、下游消费企业参与动力煤期货有哪几种方式？／84

六、煤炭企业如何运用动力煤期货开展库存管理？／87

七、贸易商如何利用期货市场进行融资？／90

八、什么是点价交易？／93

九、动力煤贸易中如何进行点价交易？／94

十、煤炭企业如何制订适合自己的套期保值方案？／95

十一、煤炭企业如何确定套期保值的操作策略？／99

十二、煤炭企业如何确定套期保值的数量？／104

十三、如何看待套期保值操作中期货部位的盈亏？／106

十四、煤炭企业如何评价期货套期保值的效果？／107

十五、如何规避套期保值中的增值税风险？／110

十六、企业参与套期保值会面临哪些风险？／112

十七、企业参与套期保值时如何进行风险控制？／114

自测题／116

第五章　动力煤期货的实物交割　／121

一、什么是期货实物交割？／121

二、动力煤期货交割有哪几种方式？／122

三、符合期货交割的动力煤质量标准有哪些？／124

四、什么是动力煤交割基准价？升贴水是如何规定的？／126

五、哪些情况不可以申报动力煤交割？／128

六、什么是交割配对？交割配对原则是怎样的？／128

七、动力煤交割有哪些具体流程？／129

八、车（船）板与厂库交割流程有哪些异同点？／137

九、动力煤交割流程中需要注意哪些风险？／138

十、动力煤合约中指定的交割仓库和厂库有哪些？动力煤交割中会产生哪些费用？／139

十一、动力煤期货交割中的增值税如何流转？／142

十二、什么是标准仓单？动力煤标准仓单有效期是怎样规定的？／144

十三、动力煤企业如何运用标准仓单？／145

十四、什么是期转现业务？期转现与其他头寸了结模式有什么区别？／147

十五、动力煤交割是否会遇到违约？交易所是如何处理的？／152

自测题／152

第六章　动力煤期货中投机和套利交易　／156

一、动力煤投资者来自哪里？有哪些类型？／156

二、如何通过技术分析进行动力煤期货交易？／158

三、如何利用时间周期辅助交易？／164

四、如何通过基本面分析把脉动力煤期货走势？／166

五、为什么港口船舶数量与动力煤主力合约的走势一致？／172

六、特殊事件对动力煤期货价格有什么影响？／173

七、动力煤的套利机会是如何产生的？／175

八、如何建立正确的投机理念？／177

九、如何制定期货交易计划？／183

十、期货投机中如何进行资金管理？／186

十一、止损在期货投机中真的那么重要么？止损有哪几种方法？／190

自测题／193

第七章 期货公司如何帮助企业实现风险管理／196

一、期货公司提供的风险管理服务有哪些？／196

二、什么是仓单服务？主要有哪几种模式？／197

三、什么是仓单串换？／198

四、仓单串换业务有哪些风险？／199

五、什么是仓单买断？／201

六、什么是仓单收购？／203

七、什么是仓单回购？／204

八、仓单回购有哪些风险？／205

九、什么是仓单质押？／206

十、什么是定价服务？主要包括哪几种模式？／208

十一、什么是基差交易？／210

十二、基差交易分为哪几类？／211

十三、基差交易与点价交易有什么区别？／211

十四、什么是合作套保？／212

十五、合作套保业务具体流程是怎样的？／213

自测题／216

参考文献／220

后记／221

第一章
认识动力煤

本章要点

本章介绍了煤的形成、分类、储量分布,对动力煤的产、运、销格局进行了初步介绍。本章还对动力煤特有的价格指数进行详细说明,为后续章节对煤炭市场的分析做铺垫。通过本章的学习,投资者对动力煤有初步的认识,为后期分析市场、运用期货打下基础。

 一、什么是动力煤?

(一)动力煤的定义和特点

什么是动力煤呢?动力煤是指用于作为动力原料的煤炭,一般用于火力发电的煤只是狭义上的动力煤。从广义上来讲，凡是以发电、机车推进、锅炉燃烧为目的，为生产动力而使用的煤炭都属于动力用煤，简称动力煤。那么，按照中国的煤炭国家标准，动力煤又该如何归类呢？

（二）动力煤的类别

中国现行的煤炭分类国家标准是2009年国家颁布的GB/T 5751-2009。该标准是从褐煤到无烟煤的全面技术分类标准，将自然界中的煤划分为3大类、14个牌号。其中，褐煤和无烟煤又分别划分为2个和3个小类。依照煤化程度由低到高，三大类分别是褐煤、烟煤、无烟煤，14个牌号分别是褐煤、长焰煤、不粘煤、弱粘煤、中粘煤、气煤、气肥煤、肥煤、1/3焦煤、焦煤、瘦煤、贫瘦煤、贫煤、无烟煤（见图1-1和图1-2）。

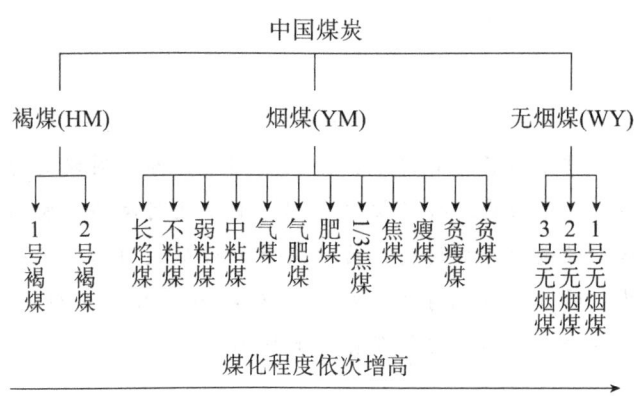

图1-1 中国煤炭分类

动力煤主要包括褐煤、长焰煤、不粘煤、贫煤、气煤以及少量的无烟煤。一般意义上的商品煤主要有洗混煤、洗中煤、粉煤、末煤等。

（三）动力煤的用途

动力煤主要用在哪些工业和行业呢？动力煤在中国的能源类别中是最重要的，在中国的动力煤消费结构中，有65%以上是用于火力发电；其次是建材用煤，约占动力煤消耗量的20%左右，而水泥用煤量最大；其余的动力煤消耗分布在冶金、化工及民用方面（见图1-3）。煤炭在世界一次能源

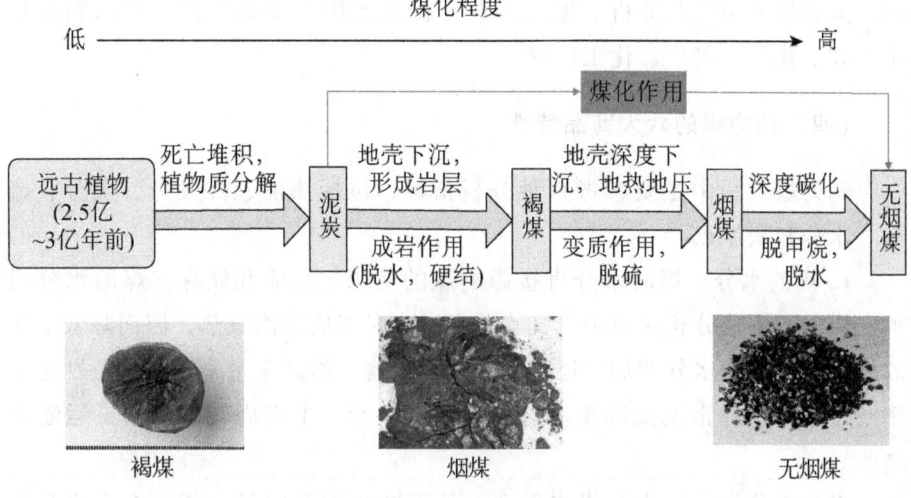

图1-2 煤炭分类示意图

消费中所占比重为26.5%,介于石油与天然气之间。其中石油占比37.3%,天然气占比23.9%。从世界范围来看,动力煤产量占煤炭总产量的80%以上。

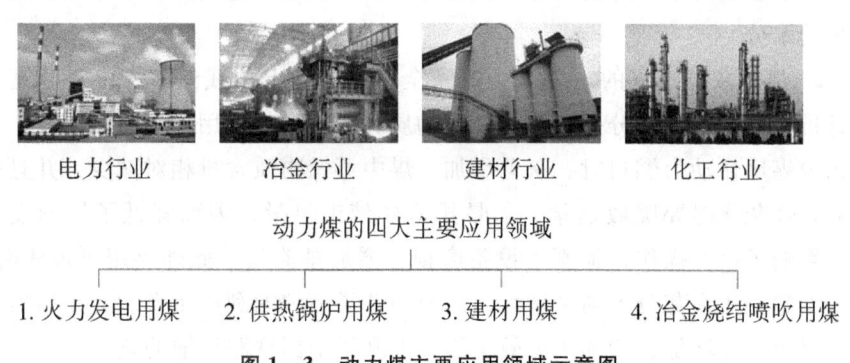

图1-3 动力煤主要应用领域示意图

根据什么标准来区分动力煤的不同用途呢?主要是通过煤的工业分析指标来区分。

煤的工业分析指标是了解煤质特性的主要工具,也是评价煤质的基本依据。通常煤的水分、灰分、挥发分是直接测出的,而固定碳是用差减法计算出来的。广义上讲,煤的工业分析还包括煤的全硫分、发热量及灰熔点的测定,又称煤的全工业分析。煤的工业分析主要用于煤的生产、开采和深加工,如焦化厂、电厂、化工厂等。

(四) 动力煤的六大商品特性

动力煤贸易中主要参考六种分析指标,包括热值、挥发分、灰分、硫分、水分和灰熔点。

1. 煤的水分。煤的水分直接影响煤的使用、运输和储存。煤的水分增加,煤中有用成分相对减少,且水分在燃烧时变成蒸汽吸热,因而降低了煤的发热量。煤的水分增加,还增加了无效运输,给卸车带来困难。特别是冬季寒冷地区,经常发生冻车,这影响卸车生产、车皮周转,加剧了运输的紧张。

煤的水分也容易引起煤炭粘仓,从而减小煤仓容量,甚至发生堵仓事故。随着矿井开采深度的增加,采掘机械化的发展和井下安全生产的加强,以及喷露洒水、煤层注水、综合防尘等措施的实施,原煤水分呈增加的趋势。为此,煤矿除在开采设计上和开采过程中的采煤、掘进、通风和运输等各个环节上制定减少煤的水分的措施外,还应在煤的地面加工中采取措减少煤的水分。

2. 煤的灰分。煤的灰分是指煤完全燃烧后剩下的残渣。煤中灰分是煤炭计价指标之一,灰分是煤中的有害物质,影响煤的使用、运输和储存。具体来说煤用作动力燃料时,灰分增加,煤中可燃物质含量相对减少,并且矿物质燃烧灰化时要吸收热量,大量排渣要带走热量,因而降低了煤的发热量,影响了锅炉操作,加剧了设备磨损,增加排渣量。此外煤用于炼焦时,灰分增加,焦炭灰分也随之增加,从而降低了高炉的利用系数。必须指出的是,煤中灰分增加,增加了无效运输,加剧了中国铁路运输的紧张。

3. 煤的挥发分。煤的挥发分,即煤在一定温度下隔绝空气加热,逸出物质中减掉水分后的含量。剩下的残渣称为焦渣。煤的挥发分不仅是炼焦、气化要考虑的一个指标,也是动力用煤的一个重要指标,是动力煤按发热量计价的一个辅助指标。

挥发分也是煤分类的重要指标。煤的挥发分反映了煤的变质程度,挥发分由大到小,煤的变质程度由小到大。如泥炭的挥发分高达70%,褐煤一般为40%～60%，烟煤一般为10%～50%，高变质的无烟煤则小于10%。煤的挥发分和煤岩组成有关，角质类的挥发分最高，镜煤、亮煤次之，丝碳最低。所以世界各国都以煤的挥发分作为煤分类最重要的指标。

4. 煤的硫分。煤的硫分，按其存在的形态分为有机硫和无机硫两种，有的煤中还有少量的单质硫。煤中各种形态的硫的总和称为煤的全硫。

硫是煤中有害物质之一。煤作为燃料在燃烧时生成二氧化硫（SO_2）和三氧化硫（SO_3），不仅腐蚀设备，而且污染空气，甚至形成酸雨，严重危及植物生长和人的健康。煤用于合成氨制半水煤气时，由于煤气中硫化氢等气体较多不易脱净，易毒化合成催化剂而影响生产。煤用于炼焦时，煤中硫会进入焦炭，使钢铁变脆。钢铁中硫含量大于0.07%时就成了废品。为了减少钢铁中的硫，在高炉炼铁时加石灰石，能降低高炉的有效容积，而且增加了排渣量。煤在储运中，煤中硫化铁等含量多，会因氧化、升温而自燃。

中国煤田硫的含量不一。东北、华北等煤田硫含量较低，山东枣庄小槽煤、内蒙古乌达、山西汾西、陕西铜川等煤矿硫含量较高，贵州、四川等煤矿硫含量更高。四川一些煤矿硫含量高达4%～6%以上，洗选后难以降到2%。

5. 煤发热量。煤的发热量又称为煤的热值，即单位质量的煤完全燃烧所发出的热量。煤的发热量是煤按热值计价的基础指标。煤作为动力燃料，主要依靠自身的发热量，发热量愈高，其经济价值愈大。发热量也是计算热平衡、热效率和煤耗的依据，同时也是锅炉设计的参数。

通常贸易中使用的发热量指标包括高位发热量和低位发热量。煤的高位发热量是指煤在空气中大气压条件下燃烧后所产生的热量。煤的低位发热量是指煤在空气中大气压条件下燃烧后产生的热量扣除煤中水分的汽化热，剩下的实际可以使用的热量。

在能源利用中一般都以燃料的低位发热量作为计算基础。例如中国、前苏联、德国和经济合作与发展组织（OECD）是按低位热值换算的，日本、北美各国均习惯用高位热值，有的国家两种热值都采用。

6. 灰熔点。灰熔点是评价煤灰是否容易结渣的一个重要指标，常用的是软化温度。煤灰软化温度代表煤灰开始熔融的温度，当炉膛温度达到或超过这一温度时，煤灰就会结成渣块，影响通风和排渣，使炉渣含碳量升高，有时还会粘在炉墙、管壁或炉排上,影响锅炉正常运行。

二、动力煤和炼焦煤差别大吗?

如果简单认为动力煤和炼焦煤都是煤而投资期货的话,就容易形成错误的判断,动力煤和炼焦煤的差别很大。首先,按照牌号分,炼焦用煤包括焦煤、肥煤、1/3焦煤、瘦煤、气煤、气肥煤几种,大连商品交易所的焦煤指标涵盖焦煤、少量的1/3焦煤。动力煤包括气煤、长焰煤、弱粘煤、不粘煤、褐煤和部分无烟煤,也包括部分不能炼焦的焦煤及炼焦洗中煤。

其次,动力煤和炼焦煤在使用功能上有很大差别。炼焦煤主要用于炼焦,要求煤的工业性能有一定的粘结性,以及成焦后较高的反应后强度。焦炭在高炉中起到三个主要作用:燃料、还原剂、骨架支撑作用。因此要求炼焦煤灰分低、有害物质少,同时要求煤成分中碱金属的含量低,保证焦炭的高反应强度。动力煤主要用于提供热能,因此关注的指标为煤的单位发热量以及环保指标硫分。简单来说,炼焦煤是煤中的稀有品种,是不能够被动力煤替代的。

再次,动力煤和炼焦煤产业链结构不同。动力煤的下游主要包括电力、水泥、钢铁、化工四大行业,而炼焦煤下游则主要是用于焦化行业。动力煤消费的旺季在北半球夏季用电高峰的7、8月及冬储季节的10月。7、8月则是炼焦煤生产消费的淡季。因此在分析动力煤和炼焦煤两个不同煤种时,通常研究的领域有很大区别,得出的结论也有很大不同。

动力煤期货于2013年9月上市,从这一年的表现看,动力煤与炼焦煤在走势上有一定的差别,上市初期至2013年12月,动力煤遇到一轮冬储的反弹行情,炼焦煤在年末则表现相对平淡。而春节以后动力煤和炼焦煤的走势出现趋同特征主要是因为实体经济下行,各大宗工业品价格系统性下跌造成的(见图1-4)。

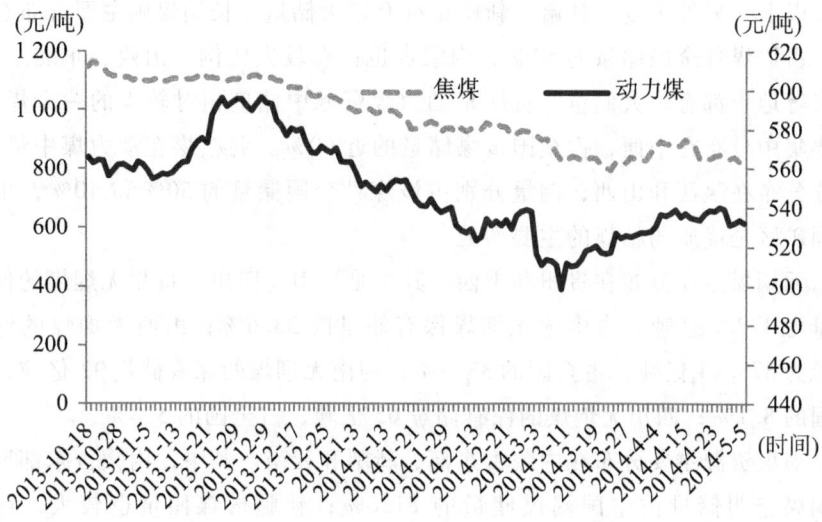

图1-4 动力煤和炼焦煤主力合约走势图

资料来源：郑州商品交易所。

三、中国动力煤资源分布在哪里？

中国动力煤资源品种齐全、储量丰富，但在地域上分布极不平衡。华北地区的动力煤储量占中国动力煤查明资源储量的46.09%，西北地区高达39.98%，"两北"地区的动力煤资源储量合计占全国的80%以上。工业发达的华东地区仅占全国动力煤储量的1.77%，东北和中南地区的动力煤占中全国动力煤储量也仅为5.02%。

分省份看，新疆储量最多，占全国动力煤储量的28.7%，其次是陕西、内蒙古、山西、宁夏，分别占26.5%、22.9%、10.5%和3.8%。这5省份动力煤储量占全国的92.4%。

一般烟煤中不粘煤主要分布于内蒙古及陕西，占该煤种全国储量的

50%以上，另外宁夏、甘肃、新疆也都有较大储量。长焰煤则主要分布在新疆，占该煤种全国储量的50%，内蒙古也占有较大比例，山西、东北三省、甘肃等地也都有较大储量。贫煤是动力煤资源中储量相对较少的一个煤种，主要集中分布在山西，占全国贫煤储量的近60%。弱粘煤在动力煤中最少，主要分布在陕西和山西，储量分别占该煤种全国储量的50%和40%，山西大同矿区是优质弱粘煤的主要产地。

无烟煤主要分布在贵州和山西，其次是河南、四川。贵州无烟煤的保有储量为378.9亿吨，占中国无烟煤保有储量的33.6%；山西无烟煤的保有储量为378.44亿吨，占全国的33.5%；河南无烟煤的保有储量92亿吨，占全国的8.1%；四川无烟煤的保有储量65亿吨，占全国的5.8%。

褐煤资源主要分布在内蒙古东部、新疆和云南。其中，内蒙古东部地区的褐煤查明储量占中国褐煤储量的81.6%；新疆褐煤储量也较大，约为160.22亿吨，占全国褐煤查明资源储量的7.0%；云南的褐煤储量占中国5%。此外，在黑龙江的东部、辽宁、山东等省均有零星分布。

如果按牌号分类，中国动力煤的保有资源储量中，最多的是不粘煤，占动力煤查明资源储量的26.1%；第二是长焰煤，占动力煤查明资源储量的23.7%；第三是褐煤，占动力煤查明资源储量的20.9%；第四是无烟煤，占动力煤查明资源储量的17.9%；贫煤和贫瘦煤占9.2%；储量最少的是弱粘煤，只占动力煤查明资源储量的2.4%。

四、动力煤是如何开采和加工的？

（一）煤炭的开采

采煤向来是一项最艰苦的工作，当前工作条件正在逐渐改善。根据煤炭资源的埋藏深度不同，一般可分为矿井开采和露天开采两种方式。可露天开采的资源量在总资源量中的比重，是衡量开采条件优劣的重要指标，中国可露天开采的储量仅占7.5%，因而中国采煤以矿井开采为主。

（二）煤炭的加工

中国以煤为主的一次能源格局在相当长时期内难以改变。以煤为主的主要问题是能源利用效率低、环境污染严重。煤炭使用前的煤炭加工就是通过煤炭洗选、动力配煤、型煤、水浆煤等加工技术，使煤炭高效、洁净地转化为电能、液体燃料、气体燃料，从而解决能源利用效率低、环境污染严重等问题。

1. 煤炭洗选技术。煤炭洗选又称选煤，是利用煤和杂质（矸石）的物理、化学性质的差异，通过物理、化学或微生物分选方法使煤和杂质有效分离，并将煤加工成质量均匀、用途不同的煤炭产品。煤炭洗选可提高煤炭质量和能源利用效率，减少燃煤污染物排放和运力浪费。随着节能环保要求的提升，动力煤的洗洗比例也逐步上升。

2. 动力配煤技术。动力配煤技术是以煤化学、煤的燃烧动力学和煤质测试等学科和技术为基础，将不同类别、不同质量的单种煤，通过筛选、破碎、按不同比例混合和配入添加剂等过程，提供可满足不同燃煤设备要求的煤炭产品的一种成本较低、易工业化实施的技术。

3. 型煤技术。型煤是把一种或数种煤粉与一定比例的粘结剂或固硫剂混合，在一定压力下加工形成的、具有一定形状和一定物理化学性能的煤炭产品。型煤能显著提高热效率，减少燃煤污染。

4. 水煤浆技术。水煤浆技术是 20 世纪 70 年代世界范围内石油危机中产生的一种以煤代油的煤炭利用新方式。其主要技术特点是将煤炭、水、部分添加剂加入磨机中，经磨碎后成为一种类似石油的可以流动的煤基流体燃料。

五、动力煤的成本是如何构成的？

动力煤的离岸成本是动力煤从生产、加工、运输到装船离港的成本，为了方便比较，以每吨煤的成本表示。包括生产成本、加工成本和运输成本三个组成部分。

原煤的生产成本包括制造成本和期间费用,制造成本涵盖材料费、工资及福利费、燃料及动力费、折旧费、安全费及各种政策性提计。期间费用是指销售费用、管理费用和财务费用。原煤生产成本中比例较高的是工资及福利费,通常占制造成本的30%~50%;其次是材料费,占10%~20%;部分矿井的折旧费和安全费比例也较高。

原煤的生产成本与地质条件以及开采工艺关系很大。由于埋藏浅,露天矿开采成本普遍高于井工矿,而埋藏较深的井工矿通常开采成本高于埋藏较深的矿井。煤层的薄厚对开采影响也很大。例如,中国煤层厚度大的煤炭多分布在华北地区,主要在山西、陕西和内蒙古地区,适宜大规模机械化开采,因此开采效率高,吨煤成本相对低。此外原煤的生产成本与地质灾害如瓦斯、水文条件以及当地工资水平也有相当大的关系。

动力煤的加工成本是指煤炭洗选加工成商品煤的成本。加工成本包括材料费、工资及福利费、动力费以及各种期间费用。影响加工成本的主要因素除了工资材料等费用外,更重要的是原煤的品质。原煤的灰分及硫分这些对动力煤发热量及环境影响大的成分越多,生成商品煤的数量就越少,成本也就越高。计量这一指标通常用回收率表示,如50%的回收率意味着2吨原煤可以加工洗选成1吨商品煤,意味着成本是原煤的2倍。

动力煤的运输成本包括公路运输、铁路运输及水路运输。"三西"(山西、陕西、内蒙古西部)地区到东南沿海的动力煤的运输通常要经过短途的公路运输到达铁路站台,铁路装车后运往港口装船,然后经由水路到达目的港口,再转乘拖船或者铁路到达消费地。由于生产地到消费地运输距离较长,运输成本占离岸成本的比例很高,如鄂尔多斯地区地方矿井到秦皇岛的运输成本通常占离岸成本的50%。

 六、动力煤下游消费行业有哪些?

中国动力煤消费集中在电力、冶金、建材、化工四大行业。电力行业用煤是动力煤消费中最主要的部分，冶金行业用煤量逐年上升，化工和建材行业动力煤需求量保持平稳。

2012年，中国电力行业动力煤需求量为18.55亿吨，占动力煤总消费量的62.23%；建材行业动力煤消费量占动力煤总消费量的21.05%，为6.28亿吨；化工行业动力煤消费量占动力煤总消费量的3.71%；冶金行业动力煤消费量占动力煤总消费量的3.37%；其他行业动力煤消费量占动力煤总消费量的9.64%。

从六大区域来看，中国动力煤消费主要集中在华东、中南和华北区域，三大区域动力煤消费量占动力煤总消费量的73.82%，其余三个区域动力煤消费量仅占26.18%。

电力行业是中国动力煤消费的第一大户，电煤需求量占到动力煤总需求量的60%以上。中国的发电能源构成一直是以动力煤为主。随着中国国民经济的快速发展，电力行业对动力煤的需求持续增加。

电力行业耗煤量呈不断上升态势。2005年中国电力行业耗煤量为10.52亿吨，2012年耗煤量增加到18.55亿吨。以2012年电煤消费地区分布情况来看，排名前十位的省份分别是江苏、山东、广东、内蒙古、河南、山西、浙江、河北、安徽和辽宁，累计消费电煤12.01亿吨，约占全国电煤消费总量的64.75%。

建材行业煤炭消费主要是用来提供燃料，用来生产水泥、玻璃和石灰。水泥耗煤占建材行业耗煤量的70%左右。水泥工业生产主要以煤为燃料，以电作为动力驱动，极少使用其他燃料。随着建筑行业，特别是住宅建筑和基础设施对水泥用量的增加，水泥用煤快速增长。

化工行业煤炭需求主要有两大类，一类是作为煤气化的原料，即目前氮肥厂生产合成氨使用的无烟块煤，另一类是作为供热等使用的燃料煤，即动力煤。化工行业耗煤主要是合成氨和其他化工行业耗煤。合成氨耗煤量占总行业耗煤量的60%左右。近两年，化工行业动力煤消费量保持稳定，所占比例较前几年明显降低。2012年该行业动力煤消费量11 058万吨，所占比例降至3.71%。

冶金行业消费的煤炭主要是炼焦精煤和燃料煤。炼焦精煤主要供炼焦炭，燃料煤主要用于自备电站、高炉烧结和高炉喷吹。生铁冶炼过程中，除了消耗焦炭外，1 吨生铁还需要消耗烧结用煤、球团工序用煤、喷吹用煤等总计大约 240 千克。2012 年冶金行业消费动力煤 10 038 万吨，首次突破 1 亿吨，占动力煤消费总量的 3.37%。

七、国内动力煤的流通贸易情况如何？

中国动力煤资源北多南少，西富东贫，动力煤生产和供应主要集中在"三西"（山西、陕西、内蒙古西部）地区，煤炭的生产有向西北部地区转移的趋势。而煤炭尤其是动力煤消费却相对集中在经济发达的东部和中南部地区，这种错位布局就形成了长期以来中国动力煤运输"北煤南运、西煤东运"的基本格局，造成动力煤生产和消费对运输高度依赖。

省际煤炭流动可大致将中国划分为四个区域。内蒙古东部和东三省，新疆、青海、甘肃，云贵川藏三个区域煤炭可以自给自足。主要煤炭流向则自"三西"地区向东通过环渤海地区下水运往江苏、浙江、福建、广东、广西以及长江下游省份。山西和陕西陆路运输通过铁路直达河北、山东、江苏和湖北等省份，长江以南各省份则需要通过水路调入。内蒙古和陕西的动力煤一部分通过铁路直达港口，一部分通过公路运输到山西省上站的方式运达港口。

动力煤运输由铁路、公路、水路等几种运输方式共同组成。

铁路运输在动力煤运输中的地位举足轻重。铁路运输是动力煤运输的主要方式，动力煤运输量占铁路运输总量的比例逐年上升。2012 年铁路运输量占全国动力煤运输量的 70% 以上。动力煤主产地"三西"地区的煤炭铁路外运可分为北通路、中通路和南通路三个自西向东运输的横向通道：

北通路。大秦线、京原线、神朔黄线、丰沙大线和集通线以动力煤为主。主要运输大同、平朔、准格尔、河保偏、神府、东胜、乌达、海勃湾等矿区和宁夏的煤炭。煤炭通过北通道运往京津冀、华北、华东地区以及至秦皇岛、唐山、天津、黄骅等北方港口。其中大秦线是北通路中最主要的运输线路。

中通路。石太线和邯长线以炼焦煤和无烟煤为主。主要运输西山、阳泉、晋中和吕梁地区以及潞安、晋城和阳泉等矿区的煤炭，运至华东、中南地区以及至青岛港。

南通路。太焦线、陇海线、宁西线、侯月线和西康线以焦煤、肥煤和无烟煤为主。主要运输陕北、晋中、神东、黄陇和宁东煤炭生产基地至中南、华东地区以及至日照、连云港等港口的煤炭。

随着动力煤的需求逐步提高，当前的铁路运输通道已经不能满足运煤需求。多条煤运铁路通道正在建设中，如蒙华铁路、山西中南部铁路、张唐铁路、兰新铁路二线、兰渝铁路等，这些铁路大多于2015年左右可建成，建成后将至少增加中国煤炭铁路运力8亿吨；同时，2012年多条客运铁路专线建成通车，如京沪高铁、京广高铁和哈大高铁。这些客运专线的建成，可释放原有线路如老京沪线、老京广线和老京哈线约1.3亿吨运力。

海路运输首先通过铁路或公路将煤炭从"三西"生产基地集结到北方沿海中转港口，再由海轮运向渤海湾、华东和中南地区以及国外。目前北方沿海煤炭下水港装船能力也高度集中在与北路通道配套的港口：秦皇岛港、唐山港、天津港、黄骅港、青岛港、日照港和连云港，简称北方七港。接卸港主要为华东、中南沿海各港口。长江、徐州—南京大运河也承担了相当数量的煤炭下水运输任务。海路运输和内河运输一起形成了中国"北煤南运"、"西煤东运"的水路运输格局。在全国沿海主要港口中，北方七港的地位非常重要。多年来，北方七港的煤炭发运量在全国沿海港口煤炭发运总量中所占的比例一直在90%左右。

由于铁路运力不足，公路作为铁路运输的重要补充，主要承担产煤地及周边省份煤炭短途运输，或铁路、港口煤炭集疏运输。

尽管长距离煤炭运输不是公路运输的优势所在，但当铁路运力不足时，公路运输将会发挥相当大的作用。目前"三西"地区有13条煤炭外运公路，国道有大同—北京（109）、太原—北京（108）、太原—石家庄（307）、长治—邯郸（309）、晋城—阳城（207）；省道有大同—张家口、榆次—邢台、长治—安阳、晋城—焦作、左权—邯郸、高平—鹤壁、阳城—沁阳等。2012年，山西省煤炭出省总量为8.9亿吨，其中3.9亿吨通过公路运输，比例达43.8%。

八、全球煤炭贸易格局是怎样的?

全球煤炭贸易的主要出口国家有印度尼西亚、澳大利亚、美国和南非,进口国家有中国、印度、日本、韩国以及欧洲经济共同体,大部分国际煤炭贸易为动力煤。从供应地来看,印度尼西亚和澳大利亚是世界上最大的煤炭出口国,2011年分别出口煤炭3.41亿吨和2.83亿吨,北美出口量位居其次,2011年北美地区向亚洲出口量为0.88亿吨,南非向亚洲出口量为0.6亿吨,但主要消费地为印度。

海运贸易流向最为活跃的为泛太平洋贸易圈和大西洋贸易圈,泛太平洋贸易圈煤炭主要从印度尼西亚、澳大利亚和美国向中国、印度、日本和韩国出口;大西洋贸易圈主要由南非和美洲向欧洲经济共同体输出。近几年南非通过印度洋向印度的出口也有明显提高(见图1-5)。

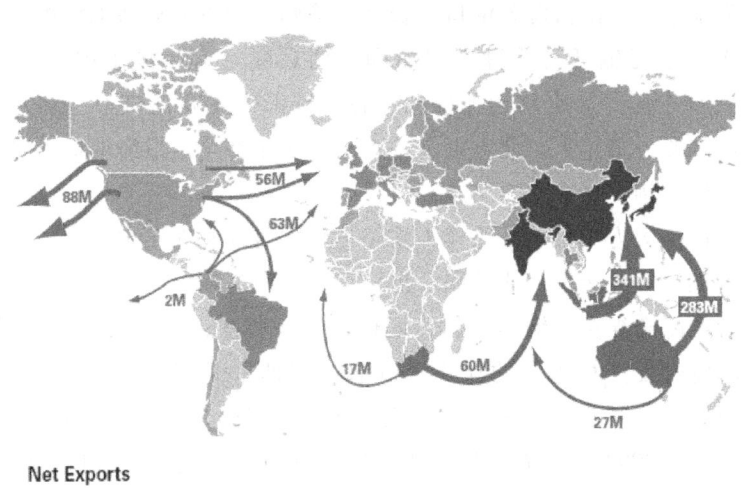

图1-5 世界海运煤炭贸易

九、什么是动力煤价格指数？

动力煤价格指数是反映代表性区域动力煤价格的指数。通常在同一地区，同一发热量的动力煤，不同的贸易商报价是不同的。通过统计学采样、筛选、计算生成的价格指数能够比较客观地反映该地区的煤炭价格水平。国际上常见的煤炭价格指数是以美元标注的价格，严格意义上不是统计学概念的指数，但是作为贸易商合同定价的参考，这种指数比统计学中的指数更有实用价值。

国际上煤炭价格指数的两个主要作用是作为煤炭贸易的参考价格及掉期市场的结算标准。国际上著名的煤炭贸易集散地目前都生成了动力煤价格指数，使用最为广泛的有巴洛金克指数、API2#、API4#以及普氏的煤炭价格指数。

（一）巴洛金克指数（BJ）

巴洛金克指数是亚洲市场动力煤现货价格指数，1986年由巴洛金克公司编制。指数信息源自 Expert panel review、globalCOAL 和 coalinQ 记录。它反映了煤炭买卖双方现货动力煤的合同价，发货港是澳大利亚纽卡斯特港，目的港不定，每周发布一次。它现在已经成为指导日、澳煤炭价格谈判和现货谈判的重要参考价格依据。

（二）传统财务公司指数（API）

传统财务公司（TFS）曾经是欧洲和南非煤炭柜台交易的开拓者，API是以 ARA 三个港口到货煤炭价格为基础，价格源自《煤炭周刊》、《南非煤炭报告》、《国际煤炭报告》上的价格，每周和每月都发表价格指数。合同是标准煤炭合同。

目前传统财务公司已经授权阿格斯和麦克洛斯基两家公司使用 API 指

数。API2#指定阿格斯媒体有限公司和麦克洛斯基集团公司。API4#指定阿格斯、麦克洛斯基和南非煤炭报告。API2#和 API4#为阿格斯和麦克洛斯基的注册商标。指数由阿格斯代表这几个公司每周联合发布于阿格斯/麦克洛斯基煤炭价格指数报告。

API2#为《煤炭日报》1998年推出国际指数以反映西北欧煤炭到岸价格，是以合同期90天以内，发热量为25.12MJ/kg，到货口岸为阿姆斯特丹、鹿特丹和安特卫普三个港口的煤炭到岸价格为基础。API2#是欧洲三港ARA到岸价的平均价格，每周五在《阿格斯国际煤炭日报》、《阿格斯煤炭日报》和《麦克洛斯基传真》、《麦克洛斯基煤炭报告》中发布。价格主要从煤炭买卖双方、中间商和经纪人获得。该价格指数反映了直接成交价格，也反映了买卖双方期望价格。

理查德湾API4#指数于《Argus/McCloskey煤炭价格指数报告》中每周发布一次，为理查德湾离岸价的平均价。由三组独立的FOB现货价格的简单算术平均值组成，煤种为《阿格斯国际煤炭日报》标准动力煤，每周五发布于《阿格斯国际煤炭日报》、《阿格斯煤炭日报》，同样也发表在《麦克洛斯基传真》、《麦克洛斯基煤炭报告》，该指数同时在ICE动力煤期货市场上进行交易。

（三）PLATTS煤炭价格指数

普氏公司（PLATTS）是世界著名的专门从事能源信息和咨询的公司。定期发布由专门渠道采集的煤炭价格估价和指数信息，刊物分别有周刊和日报。普拉茨公司通过四种出版物发布煤炭价格估价和指数信息，它们是周刊《煤炭展望》和《普拉茨国际煤炭报告》，日报《普拉茨煤炭贸易商》和《普拉茨国际煤炭贸易商》。

《普拉茨煤炭贸易商》公布每日美国"柜台煤炭交易市场"煤炭估价，这种估价对即期现货煤炭、三个远期季度和一年远期煤炭价格进行估计，煤炭质量是预先选定的标准煤炭，估计可用来指导套期保值和实物交割市场。

《煤炭展望》每周对美国主要产煤区各季度远期和一年远期实物煤炭交割合同的煤炭价格进行估计，同时也对上一周的美国"煤炭柜台交易市场"的煤炭价格进行估价并公布"套期保值"交易价格。

第一章　认识动力煤　17

《普拉茨国际煤炭报告》每周公布全球主要煤炭发运地 180 天内发货的动力煤现货价格评价值，同时还公布 180 天远期交易的炼焦煤价格和 3 个发运点 90 天远期交货的焦炭价格。

《普拉茨国际煤炭报告》和《普拉茨国际煤炭货易商》每周还联合公布 5 个重要发货点的 3 个月远期和季度远期的重要动力煤价格估计以及 8 个主要发货点 90 天内发货的现货实物交割价格。

 十、环渤海指数是怎么生成的？

在现实贸易中，动力煤的报价不尽相同，主要表现在三方面：报价时间、交易地点以及报价类型。例如 2014 年 6 月 11 日，山西大同南郊 5 500 大卡/千克动力煤车板价为 385 元/吨，当日秦皇岛港离岸价格平仓价格为 525 元/吨。其中差别不仅在运杂费上，还有部分损耗及掉卡、跌价风险。即使在秦皇岛，不同贸易商报价也不同，根据交易量以及合作关系等因素，上下会有一定差别。神华、中煤、同煤集团给市场户的价格通常高一些，因为这些大户在品质和付款等方面更有保障。

（一）环渤海指数报价包含哪些指标？

受众多报价的影响，交易者对市场价格的涨跌趋势判断容易出现混乱。因此，在市场化程度很高的地区，通常会形成煤炭价格指数。环渤海价格指数在规格品品质、发布时间、交货地点及报价类型方面均有明确规定。

1. 规格品品质。秦皇岛煤炭交易中心根据动力煤现货交易习惯，特选择 4 500 大卡、5 000 大卡、5 500 大卡和 5 800 大卡四个交易最活跃的规格品作为代表规格品，发布这四个代表规格品的指数与价格区间，每个代表规格品代表区间详见图 1-6。

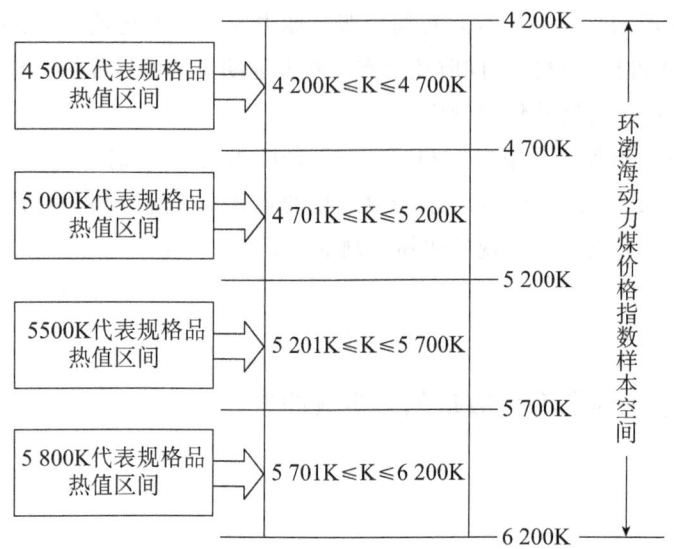

图 1-6 环渤海指数规格品的热值范围

资料来源：秦皇岛煤炭交易中心。

在每个规格品的代表发热量区间内，发热量与成交价呈线性关系，因此计算指数可以通过换算标准化。同时贸易商可根据指数报价计算特定发热量的报价。

2. 交货地点。交货地点为环渤海六港，包括秦皇岛港、黄骅港、天津港、京唐港、国投京唐港和曹妃甸港，也称代表港口。

3. 报价类型。离岸平仓价（FOB，Free On Board）：指货物运到港口并装到船上的价格（包含了货物上船之前的所有费用），但不包括其后的相关费用。指数采集和发布的煤炭价格均为离岸平仓价格，是卖方承担了陆上运输与装船港作业费用后形成的价格。

（二）指数的编制

环渤海动力煤价格指数从采集到指数发布整个过程所设置的四个工作环节，按先后顺序依次为数据采集、数据审核、指数编制和指数发布。环渤海动力煤指数体系，分为价格体系与指数体系两部分。

1. 价格体系。环渤海代表规格品综合平均价格是反映环渤海地区

5 500K动力煤价格总体水平的指标,由各代表港口5 500K动力煤平均价格按港口煤炭吞吐量权重进行加权平均得到(见图1-7)。

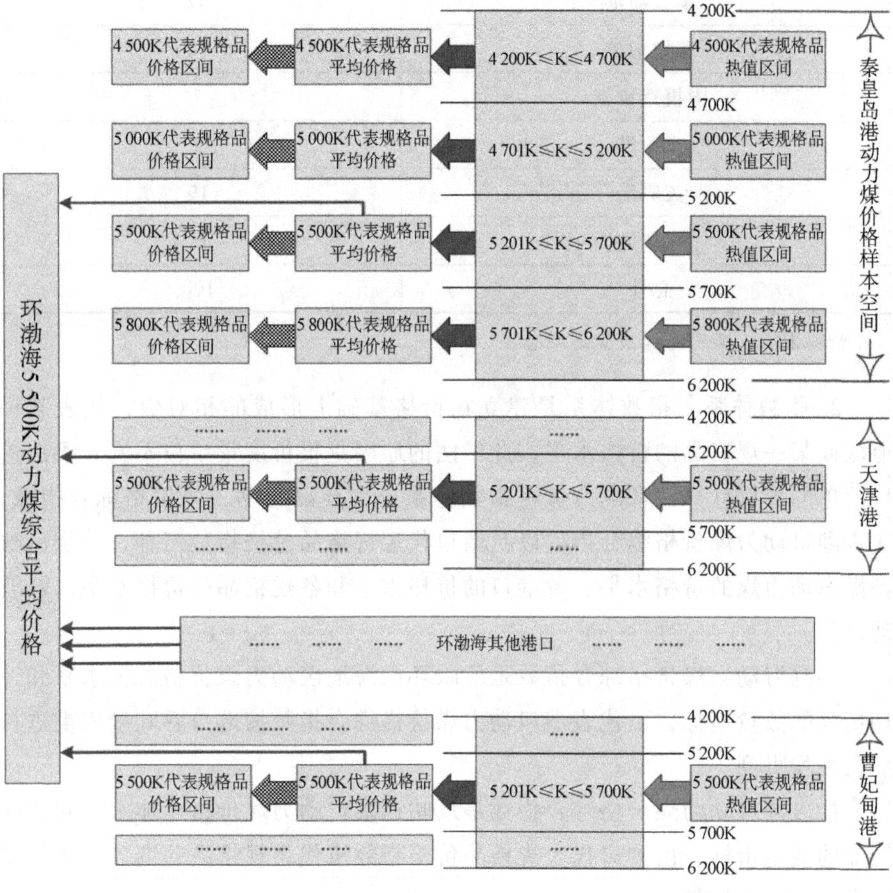

图1-7 环渤海指数5 500K动力煤价格指数的生产示意图

资料来源：秦皇岛煤炭交易中心。

港口权重根据环渤海各港口2009年度的吞吐量数据进行适当调整得出的。用于环渤海5 500K动力煤代表规格品综合平均价格的计算。代表港口代表规格品价格区间反映代表港口各代表规格品动力煤实际交易价格水平，通过该港口各代表规格品实际成交的离岸平仓价格以特定的规则计算得到（见表1-1）。

表1-1　　　　　　　　环渤海指数各港口的权重

港口名称	权重
秦皇岛港	47
曹妃甸港	12
国投京唐港	7
京唐港	3
黄骅港	19
天津港	12
总计	100

资料来源：秦皇岛煤炭交易中心。

2. 指数体系。指数体系是建立在价格基础上形成的相对数，代表某一地区或某一规格品的价格水平，此做法的原因是报价度量单位不同，无法进行简单的加权计算。环渤海价格指数体系分为环渤海动力煤价格综合指数、代表港口动力煤价格综合指数以及港口代表规格品价格指数三种，分别反映环渤海动力煤的价格水平、各港口的价格水平和各规格品的价格水平以及波动趋势。

环渤海动力煤价格综合指数是反映环渤海地区动力煤价格总体水平和波动情况的数量指标，由代表港口动力煤价格综合指数按港口吞吐量权重进行加权平均得到。

代表港口动力煤价格综合指数是反映该港口动力煤价格总体水平和波动情况的数量指标，由港口代表规格品价格指数按代表规格品的港口中转量比重进行加权平均得到。

港口代表规格品价格指数是反映该港口代表规格品的价格水平和波动情况的数量指标，由该港口代表规格品上一统计周期内的离岸平仓价格的平均值同基期相应代表规格品的均值相除得到，是一个相对数。

拓展阅读

煤炭是怎么形成的？

煤炭是古代植物埋藏在地下经历了复杂的生物化学和物理化学变化逐渐形成的固体可燃性矿物。

根据成煤的原始物质和条件不同，自然界的煤可以分为三大类：腐植煤、残植煤和腐泥煤。高等植物在沼泽环境下成煤为腐植煤；高等植物中稳定组分富集后在沼泽环境下成煤为残植煤；低等植物在湖泊或沼泽深水中成煤为腐泥煤。在三种煤中，腐植煤量占90%以上，工业价值也最大。

成煤过程包括泥炭化阶段和煤化阶段，煤化阶段又分为成岩阶段和变质阶段。

在泥炭化阶段，植物残骸既分解又化合，最后形成泥炭或腐泥。泥炭和腐泥都含有大量的腐植酸，其组成和植物的组成已经有很大的不同。当泥炭由于地壳下沉等原因被沉积物覆盖时，泥炭化即宣告结束，转入煤化作用阶段。

煤化阶段又分为成岩阶段和变质阶段。成岩阶段是以压力使泥炭压实、脱水、固结而转变为褐煤；变质阶段是在以温度为主、压力为辅的条件下，使褐煤转变为烟煤、无烟煤以至超无烟煤。

煤虽然由古植物演变而来，但并非所有的古植物都能成煤，成煤的三个必要条件是：（1）自然条件——气候温和，土地湿润；（2）地理条件——沼泽；（3）地质条件——地壳升降运动。

在整个地质年代中，全球范围内有三个大的成煤期：古生代的石炭纪和二叠纪，成煤植物主要是孢子植物，主要煤种为烟煤和无烟煤；中生代的侏罗纪和白垩纪，成煤植物主要是裸子植物，主要煤种为褐煤和烟煤；新生代的第三纪，成煤植物主要是被子植物，主要煤种为褐煤，其次为泥炭，也有部分年轻烟煤。

附:2002~2012年中国及各省市动力煤(包括无烟煤、一般烟煤及褐煤)产量原始数据

附表1和附表2中包含中国及各省原煤及炼焦原煤产量数据,数据来源为中国国家统计局、中国煤炭安全监督管理总局、各省统计公报。

附表1　　2007~2012年中国动力煤原煤产量原始数据　　(单位:万吨)

项目		2007年	2008年	2009年	2010年	2011年	2012年
原煤产量		2 523.56	2 748.57	3 002.78	3 457.22	3 890.14	4 005.48
无烟煤		439.23	446.68	425.99	495.99	524.62	502.6
一般烟煤	贫煤	141.44	154.9	214.2	174.61	194.4	198.54
	1/2弱粘煤	0.41	1.24	0.21	2.37	1.76	2.32
	弱粘煤	97.39	98.36	85.08	90.02	102.59	103.59
	不粘煤	223.18	237.63	289.28	441.79	496.78	558.24
	长焰煤	348.71	475.66	362.4	579.75	696.45	680.69
	分不出牌号	146.97	104.77	319.25	141.73	144.94	137.89
	小计	958.1	1 072.57	1 270.42	1 430.27	1 636.93	1 681.28
褐煤		146.41	196.33	265.66	319.1	376.97	420.4

资料来源:中国煤炭资源网。

附表2　　2007~2012年中国动力煤消费量及结构

年份		2007年	2008年	2009年	2010年	2011年	2012年
消费总量(万吨)		203 855	209 857	228 246	254 296	275 160	298 169
电力	消费量(万吨)	134 330	135 750	143 823	162 872	175 043	185 548
	占比(%)	65.89	64.69	63.01	64.05	63.61	62.23
建材	消费量(万吨)	41 496	42 585	49 278	55 343	59 316	62 779
	占比(%)	20.36	20.29	21.59	21.76	21.56	21.05

第一章 认识动力煤 23

续表

年份		2007年	2008年	2009年	2010年	2011年	2012年
化工	消费量（万吨）	9 994	11 806	12 071	11 691	10 288	11 058
	占比（%）	4.90	5.63	5.29	4.60	3.74	3.71
冶金	消费量（万吨）	7 285	7 497	8 308	8 959	9 634	10 038
	占比（%）	3.57	3.57	3.64	3.52	3.50	3.37
其他	消费量（万吨）	18 750	21 210	24 010	24 365	30 003	38 572
	占比（%）	5.27	5.82	6.47	6.07	7.59	9.64

资料来源：中国煤炭资源网。

自测题

一、填空题

1. 煤炭是古代_____埋藏在地下经历了复杂的生物化学和物理化学变化逐渐形成的固体可燃性矿物。

2. 从广义上来讲，凡是以发电、机车推进、锅炉燃烧为目的，为生产_____而使用的煤炭都属于动力用煤，简称动力煤。

3. 现行的煤炭分类国家标准是2009年国家颁布的 GB/T 5751-2009。该标准将自然界中的煤划分为三大类，_____个牌号。

4. 无烟煤主要分布在_____和_____，其次是河南、四川。

5. 动力煤的离岸成本包括_____、_____和_____三个组成部分。

6. 中国动力煤资源北多南少，西富东贫，动力煤生产和供应主要集中在"三西"地区，三西是指_____、_____、_____。

7. _____年煤炭价格全面进入市场化，政府基本不再调控煤炭市场价格，对电煤价格不再进行干预。

二、判断题

1. 根据成煤的原始物质和条件不同，自然界的煤可以分为三大类：腐植煤、残植煤和腐泥煤。（ ）
2. 在国家标准中，煤的工业分析是指包括煤的水分、灰分、挥发分和氢元素四个分析项目指标的测定的总称。（ ）
3. 动力煤主要包括褐煤、长焰煤、不粘结煤、贫煤、气煤以及少量的无烟煤。（ ）
4. 中国的动力煤消费集中在火力发电、建材、化工和冶金四大行业。（ ）
5. 褐煤资源主要分布在内蒙古西部和云南。（ ）
6. "三西"地区的煤炭外运通道分为北通路、中通路和南通路。（ ）
7. 离岸平仓价是指货物运到港口并装到船上的价格，也包括其后的相关费用。（ ）

三、单选题

1. 无烟煤的挥发分范围是（ ）。
   A. ＞70%　　　　　　　　B. 40%～60%
   C. 10%～50%　　　　　　D. ＜10%
2. 分省市区看，动力煤资源中（ ）储量最多，占全国动力煤储量的28.7%。
   A. 山西　　　　　　　　　B. 陕西
   C. 内蒙古　　　　　　　　D. 新疆
3. 电力行业是中国动力煤消费的第一大户，电煤需求量占到了动力煤总需求量的（ ）以上。
   A. 30%　　　　　　　　　B. 40%
   C. 50%　　　　　　　　　D. 60%
4. 2012年中国下水煤总计（ ）亿吨，其中动力煤占比超过90%。
   A. 6.1　　　　　　　　　B. 5.5

C. 3.8　　　　　　　　　D. 2.8

5. 铁路运输在动力煤运输中的地位举足轻重，2012年铁路的动力煤运输量占全国动力煤运输量的（　　）以上。

A. 30%　　　　　　　　　B. 40%

C. 50%　　　　　　　　　D. 70%

6. 可露天开采的资源量在总资源量中的比重大小，是衡量开采条件优劣的重要指标。中国可露天开采储量占总资源量比重的（　　）。

A. 9.5%　　　　　　　　　B. 8.5%

C. 7.5%　　　　　　　　　D. 5%

参考答案

一、填空题

1. 植物　2. 动力　3. 14　4. 贵州　山西　5. 生产成本 加工成本　运输成本　6. 山西　陕西　内蒙古西部　7. 2009

二、判断题

1. 对　2. 错　3. 对　4. 对　5. 错　6. 对　7. 错

三、单选题

1. D　2. D　3. D　4. A　5. D　6. C

第二章

了解动力煤期货

> **本章要点**
>
> 本章主要简述动力煤期货设计思路和用途；结合动力煤现货用途讲清楚动力煤期货合约和期货交割，在现货交割标的质量指标、溢短、升贴水等事项；结合案例阐述动力煤期货合约对现货实体企业和各投资主体发挥的期货市场功能和作用以及交易中的注意事项。

一、动力煤期货合约有什么特点？

动力煤期货标准合约与郑州商品交易所的其他合约一样，包含交易代码、交易单位、报价单位、最小变动价位、每日价格波动限制、最低交易保证金及交割方面的规定（见表2-1）。

表2-1　　　　　　　郑州商品交易所动力煤合约

交易品种	动力煤
交易单位	200吨/手
报价单位	元（人民币）/吨
最小变动价位	0.2元/吨
每日价格波动限制	上一交易日结算价±4%及《郑州商品交易所期货交易风险控制管理办法》相关规定
最低交易保证金	合约价值的5%
合约交割月份	1~12月
交易时间	每周一~周五（北京时间法定节假日除外） 上午9：00~11：30；下午1：30~3：00 最后交易日上午9：00~11：30
最后交易日	合约交割月份的第5个交易日
最后交割日	车（船）板交割：合约交割月份的最后1个日历日 标准仓单交割：合约交割月份的第7个交易日
交割品级	见《郑州商品交易所期货交割细则》
交割地点	交易所指定交割地点
交割方式	实物交割
交易代码	TC
上市交易所	郑州商品交易所

资料来源：郑州商品交易所。

动力煤期货合约的几个突出特点体现在交易单位、最小变动价位、最低交易保证金三个方面。

郑州商品交易所将动力煤期货的交易单位设为200吨/手。假设动力煤价格为500元/吨（收到基低位发热量为5 500千卡/千克的动力煤秦皇岛港平仓价），一手动力煤合约价值为10万元。根据最低交易保证金，交易一手合约需要 5 000 元资金。与相关品种相比,合约价值大于焦煤,低于焦炭,属适中水平。

在合约设计方面,交易单位的设定关系到定位投资者的准入门槛,门槛设定低容易吸引更多投资者,但投机炒作的成分也相应提高。对于动力煤这种大宗商品"巨无霸"来说,产业领域参与者资金规模大,对中小投资者的风险也相对较高。为了使动力煤现货市场采购规模灵活匹配,符合现货贸易习惯,既能满足煤炭、电力、冶金、建材等企业的套期保值需求,又能兼顾中小投资者的投资需求,动力煤交易单位最终定为 200 吨/手。

动力煤期货的最小变动价位设为 0.2 元/吨。郑州商品交易所在设计动力煤期货合约初期,曾经拟订过 0.5 元/吨的最小变动价位,但最终还是拟订为 0.2 元/吨。业内人士认为 0.2 元的变动价位略小,可能使动力煤的吸引力不如焦煤、焦炭,成交不够活跃。

期货合约最小变动价位大小直接影响合约交易的效率和流动性,变动价位过小,则无效报价增多,降低交易效率;变动价位过大,报价减少,则降低合约的流动性。动力煤现货市场上变动一般以 5 元/吨为单位,这与现货贸易价格变化具有间断性、低频率等特点有关。不过考虑到期货市场交易连续、高频的特点,报价单位过大,不利于买卖双方交易的达成,同时也不利于形成连续有效的价格,给交易双方带来较大的风险,因此交易所把动力煤期货的报价单位设为 0.2 元/吨(见表 2-2)。

表 2-2　　　　　　郑州商品交易所阶梯形保证金标准

品种	一般月份	交割月前一个月份			交割月份
		上旬	中旬	下旬	
普麦、强麦、菜油、早籼稻	5%	5%	10%	15%	20%
白糖、PTA、甲醇、玻璃	6%	6%	10%	15%	20%
一号棉、菜籽、菜粕	5%	5%	15%	25%	30%
动力煤	5%	5%	5%	10%	20%

资料来源:郑州商品交易所。

动力煤期货的保证金制度为:一般月份最低交易保证金为合约价值的 5%。交割月前一个月上旬、中旬和下旬,分别为 5%、5% 和 10%,交割月为20%。与其他品种相比,动力煤期货在保证金制度上可以说是"开了小灶"。考虑到动力煤期货成交量可能会不断提高,为了保证投资者在交割前一个月顺利移仓,郑州商品交易所在保证金设计上也采取一刀切的做法,直到当月下旬才增加保证金至10%。

二、动力煤的合约标的热值为什么定在5 500大卡/千克?

动力煤期货的基准品为收到基5 500大卡/千克,干燥基全硫≤1%,全水≤20%,这个指标的设定符合贸易习惯。动力煤贸易关注重点在于收到基发热量,而煤的灰分直接与发热量挂钩。另外根据环保要求,对硫分的要求也比较严格。用户对不同地区的煤都有一定的偏好,有的偏爱低灰熔点的陕煤,有的喜欢低挥发分的山西煤,个别还对交割中混煤的做法有意见,但是这些都不构成争议,决定煤价的关键指标还是发热量、硫分和全水。

按照秦皇岛煤炭交易市场上成交的品种,动力煤主要交易的热值范围分为四个区间:4 200~4 700千卡/千克、4 701~5 200千卡/千克、5 201~5 700千卡/千克、5 701~6 200千卡/千克。分别以中值4 500千卡/千克、5 000千卡/千克、5 500千卡/千克、5 800千卡/千克代表。根据郑州商品交易所调研,动力煤上市之初,5 000千卡/千克的动力煤成交占据主流,达到40%~50%;5 500千卡/千克的动力煤成交占20%~30%;其他发热量的规格品占比较少。在用电负荷较高的夏季,一般5 000千卡/千克的动力煤最能满足当时的主流电厂需求;在用电负荷下降的淡季,通常需要使用发热量略低的动力煤来发电。燃烧5 000千卡/千克以上的动力煤对锅炉的使用寿命会有不利的影响。

那么为什么动力煤期货的基准品选为发热量5 500千卡/千克呢?在合约设计之初,郑州商品交易所将标的物设定为发热量为5 000千卡/千克的动力煤,主要是因为其现货流通规模较大,占到北方港口的近一半,此外也符合电力企业的主流消费习惯。但考虑到国家鼓励优质动力煤长途运输的导向，而且，在煤价下行的环境下，高热值煤的生产量占比亦会有所上升，随着时间的推移及发电产业的升级，预计5 500千卡/千克的动力煤会成为市场交易的主流。

另外，国际上著名的价格指数都是以高发热量动力煤为标的。例如API2#、API4#的发热量为空干基6 300千卡/千克，NEWC的发热量为收到基6 000千卡/千克，API8#的发热量为5 500千卡/千克。主要动力煤掉期交易也是以这些指数为清算价格。

动力煤标的发热量定为5 500千卡/千克，不但为动力煤交易结构的演变预留空间，而且也为与国际指数的接轨、为跨市场套利铺平了道路。

三、5 000千卡/千克与5 500千卡/千克的阶梯贴水合理吗？

郑州商品交易所在交割基准品与替代品之间规定如下：5 500千卡/千克与5 800千卡/千克之间无阶梯贴水，就是在5 300千卡/千克至6 200千卡/千克之间线性换算。举例来说，2014年1月5 500千卡/千克秦皇岛离岸交割结算价为550元/吨，换算为5 800千卡/千克价格为550÷5 500×5 800 = 580元/吨。

发热量5 000千卡/千克的规格品与5 500千卡/千克之间按交易所的规定为90元/吨。按前面的例子，4 900千卡/千克的动力煤秦皇岛交割结算价应该为（550 - 90）÷5 000×4 900 = 450.8元/吨（见图2 - 1）。

郑州商品交易所的规定存在一定的合理性。剔除2008年价格剧烈波动时期，取2009年初至2012年底的数据，可以看出秦皇岛两种发热量的动力煤价差均值为93元/吨，标准差为13元/吨。多数时间里二者价差都在15元以内波动（见表2 - 3）。

第二章　了解动力煤期货　31

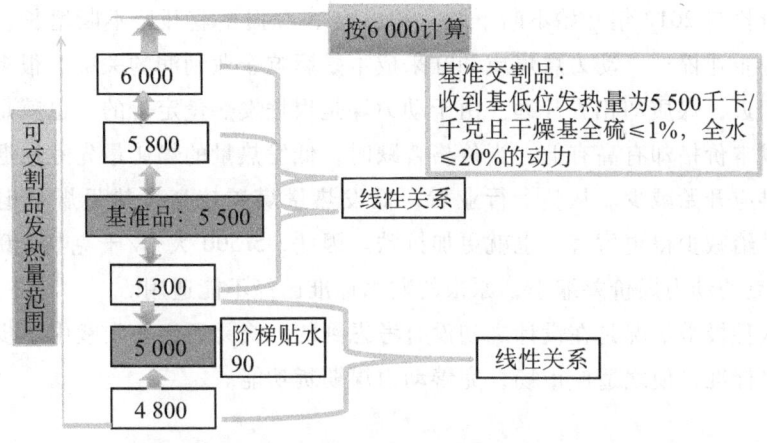

图2-1　动力煤可交割品的发热量范围

资料来源：郑州商品交易所。

表2-3　秦皇岛发热量5 000大卡/千克与5 500大卡/千克
动力煤价差历史数据

秦皇岛动力煤	2009年初～2012年底
5 500大卡/千克FOB均价	716
5 000大卡/千克FOB均价	624
价差均值	93
价差标准差	13

资料来源：Wind，格林大华期货整理。

2013年9月26日动力煤期货上市以来，现货市场上，发热量5 000大卡/千克与5 500大卡/千克贴水发生了显著变化。2014年10月21日，秦皇岛5 500大卡/千克离岸平仓价为500元/吨，而5 000大卡/千克离岸平仓价为440元/吨。价差只有60元。如果有人拿5 000大卡/千克动力煤交割的话，必须贴补90元/吨。理论上相当于比现货低30元/吨出售。这就意味着，动力煤5 000大卡/千克参与交割的可能性几乎为零，对动力煤期货的参与热情有一定影响。

造成此现象的原因是动力煤产能过剩。随着过剩的产能转化为产量，动力煤价格自2012年开始不断下跌。2013年，亏损企业开始不断增长，并导致部分企业停产。动力煤煤质和开采成本是影响企业利润的关键。很多煤矿成本相近，煤质却相去甚远。由于动力煤是根据发热量定价的，也就是说同样的成本价格却有高有低。当价格普跌时，低发热量的煤矿最先亏损退出生产，供应开始减少。从整个行业看，低发热量煤矿较高发热量煤矿退出更多，供给减少得更厉害，也就更加抗跌。因此，5 500大卡/千克与5 000大卡/千克的动力煤价差缩小，原来的贴水标准已经不能适用。

这种极端情况是在设计之初没有考虑到的，交易所会在实践中逐步调整升贴水标准，使之适应市场，完善动力煤期货功能。

 四、为什么动力煤期货的基准地会选在秦皇岛？

郑州商品交易所将动力煤期货的交割基准地定在秦皇岛港，曹妃甸、京唐港、天津港、黄骅港作为交割主要港口，另外南方广州港、防城港和可门港作为交割辅助港口。

秦皇岛港作为动力煤期货的交割基准地有无可争议的地位。在中国煤炭贸易的流向中，贸易量最大的市场为下水煤市场，2012年中国下水煤总计6.2亿吨，其中动力煤占比超过90%，北方五港的下水煤总量为5.4亿吨，占比达到86%；其中秦皇岛下水煤2.3亿吨，占比37.5%；京唐港、曹妃甸、天津港、黄骅港下水煤比例分别为9%、11%、12%和16.5%（见图2-2）。

秦皇岛港作为亚洲第一大煤港，其价格波动牵动整个环渤海煤炭市场的价格。其他港口的贸易商也会参考环渤海煤炭报价。虽然按照交易所的规定，其他北方四港交割升贴水为零，但根据贸易商经验，通常京唐港和曹妃甸的报价要高出秦皇岛5元/吨左右。主要原因是这两个港与秦皇岛同在大秦线末端，但铁路到京唐港和曹妃甸的费用还要高出5元/吨。秦皇岛港接收的生产和贸易企业也是大集团居多，成交量大，价格略低也在情理之中。总体而言，北方五港交割升贴水在合理范围内，秦皇岛作为交割基准地是必然的。

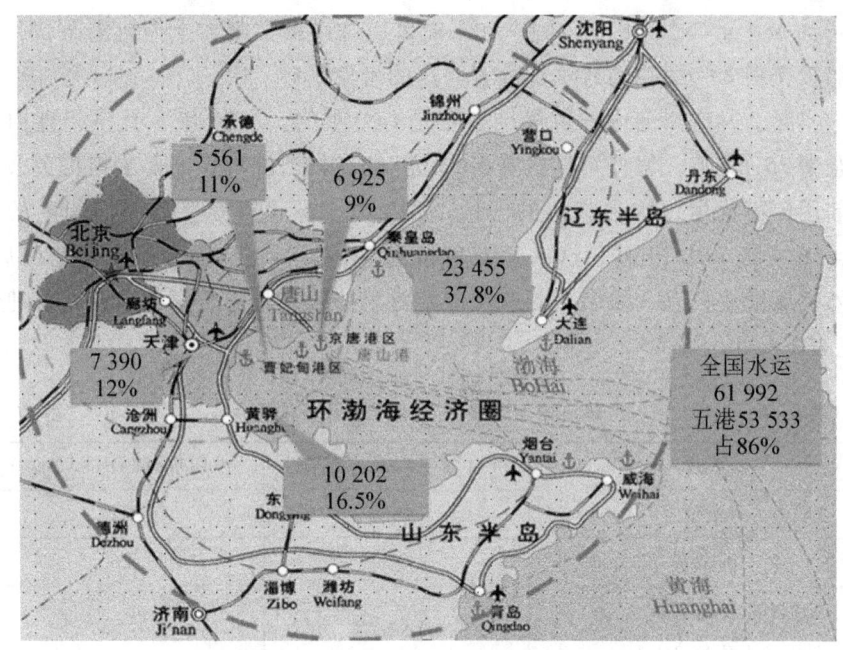

图 2-2 环渤海煤炭海运量（单位：万吨）

五、进口煤港与交割基准地的升水标准是如何确定的？

郑商所制定动力煤期货的 8 个交割港口包括北方五港：秦皇岛、曹妃甸、京唐港、天津港、黄骅港和 3 个辅助港口：广州港、防城港和可门港。北方五港的升贴水为 0，北方港口至 3 个辅助港口的升水为 25 元/吨。

北方五港和南方三港的报价类型均为离岸平仓价。南方三港作为消费地中转港，到岸需换乘转运船只后运往消费地。因此，离岸平仓价格应为到岸价格加上港杂费。2014 年 7 月 23 日，广州港内贸港杂费 26 元/吨，内贸煤由大船入堆场、倒火车、汽车、小船出入费用全包干。而北方港口 5 500 千卡/千克动力煤离岸报价为 485 元/吨，进口煤 CFR 南方港口报价（含增值税）为 480 元/吨~485 元/吨。如果简单用进口煤交割加上内贸港杂费，则车船板交割 25 元/吨的升水标准有一定的理论基础。

实际上，广州港内外贸煤港杂费是有差距的，2014 年 9 月广州港内贸港杂费 26 元/吨，但外贸港杂费 39.5 元/吨。另外外贸煤还要承担报关、商检信用证等费用，约占货值的 3%。而内贸煤要承担秦皇岛到广州港的运费，2014 年 7 月 23 日，这一运费价格为 31.4 元/吨。综合算来，上岸后，内外贸煤价差只有 3 块多，而这个价差对于外贸煤与内贸煤竞争有其合理性（见表 2-4）。

表 2-4　　　　广州港内贸煤及进口煤价格及各项费用　　　（单位：元/吨）

项目	进口煤（CFR 广州港）	内贸煤（FOB 秦皇岛）
报价	485	485
港杂费	39.5	26
报关商检信用证费用（占货值3%）	14.55	
秦皇岛—广州港海运费		31.4
小计	539.05	542.4
装卸损耗1%	5.4	5.4
库提价/车船板价	544.4	547.8

资料来源：格林大华期货，2014 年 10 月。

数据显示，无论进口煤还是内贸煤在广州港车船板交割的费用都在 60~63 元/吨之间，25 元/吨的升水在南方港口交割不易实现。郑商所在设计进口煤港升水标准时也考虑到内贸煤运费问题。根据历史数据，运费的波动幅度很大，很难用一个固定的标准来界定。设置进口港升贴水的目的主要是防止买方在北方港口逼仓，给交割卖方更多的选择。

根据南方期货公司反馈，至今没有贸易商愿意参与南方港口的交割。几家公司建议升贴水提至 40 元/吨，以活跃南方市场。不管如何设置升贴水标准，在运价波动的市场中，内外贸煤始终存在套利的可能性。只有航运期货上市后，升贴水与运价挂钩才能一次性解决南方港口的交割问题。

六、限仓制度对动力煤交割有影响吗?

限仓制度是期货交易所为了防止市场风险过度集中于少数交易者和防范操纵市场行为,对会员和客户的持仓数量进行限制的制度。规定会员或客户可以持有的、按单边计算的某一合约持仓的最大数额,不允许超量持仓。限仓制度最原始的含义就是根据会员承担风险的能力规定会员的交易规模。交易所通常会根据客户和会员投入的保证金的数量,按照一定的比例给出一定的持仓限额,此限额即是该会员和客户在交易中持仓的最高水平。

(一) 会员限仓制度

郑州商品交易所规定,动力煤某一期货合约单边市场持仓量大于100万手,期货公司该合约单边总持仓限仓比例要≤25%,即不能超过25万手。单边100万手持仓相当于2亿吨的交易量,环渤海五港一年的交易量也不过5亿吨。如果单月交割2亿吨根本就不可能,可以肯定的是资金炒作的成分很高。为了防止市场风险过于集中,郑州商品交易所对单一期货公司进行了限仓规定,超出部分采取强行平仓措施(见表2-5)。

表2-5 期货公司会员的限仓数额规定

	某一期货合约市场单边持仓量(N)	期货公司该合约单边总持仓限仓比例(M)
动力煤期货合约	N≥100万手	M≤25%
	N<100万手	不限仓

资料来源:郑州商品交易所。

(二) 客户限仓制度

为了防止大户过量持仓,操纵市场,大部分交易所会员对会员所代理的客户进行编码管理,每个客户只能使用一个交易编码,交易所对每个客户编码下的持仓总量也有限制。动力煤期货交易实行大户报告制度。会员或者客户持有某期货合约数量达到交易所对其规定的持仓限量80%以上(含本数)或者交易所要求报告的,应当向交易所报告其资金、持仓等情况。根据市场风险状况,交易所可调整持仓报告水平(见表2-6)。

表 2-6　　　　非期货公司会员和客户的限仓数额规定

	非期货公司会员及客户最大单边持仓量(含跨期套利持仓)(手)		
一般月份	60 000		
交割月前一个月份	上旬	中旬	下旬
	60 000	30 000	10 000
交割月份	2 000		

资料来源:郑州商品交易所。

按照客户限仓制度,一般月份非期货公司会员及客户动力煤最大单边限仓数额为60 000手,交割月前一个月上旬60 000手、中旬3 000手、下旬10 000手。而交割月份为2 000手,相当于40万吨。对于动力煤来说是否合适?从动力煤上市一年来的表现看,没有出现恶意操控市场的现象。但40万吨限仓在1 409手的交割略显不足。国内某大型贸易商计划交割80万吨,超出部分40万吨需要提前向交易所申请套期保值,手续上不如直接交割便利。从这一角度讲,交割月份持仓限额略少。随着越来越多的产业客户参与其中,这一标准还有待进一步验证。

七、为什么动力煤4%的涨跌限制比股票小得多?

根据《郑州商品交易所期货交易风险控制管理办法》相关规定,动力煤期货合约涨跌停限制为上一个交易日结算价格的±4%。举例来说,如果前一个交易日的结算价为 500 元/吨，本交易日成交价格不得高于 520 元/吨，520 元/吨以上的报价为无效报价。最低价格不得低于 480 元/吨，低于 480 元/吨的报价为无效报价。单纯看 4% 的限制，不容易理解为什么期货的涨跌幅限制比股票的 10% 小得多。结合动力煤的保证金制度和强行平仓制度，这个标准就不难得出结论。

动力煤的保证金标准一般月份为 5%。如果期货价格为 500 元/吨，则交易一手需要保证金 5 000 元。假设投资者做空，并且满仓操作，当价格上涨 20 元/吨的时候，投资者亏损 4 000 元。此时由于涨跌幅限制，投资者的亏损没有继续扩大。投资者有机会在当天筹措资金，增加保证金，或者选择平仓出局。如果涨跌幅比例上调到 10%，则当价格上涨超过 5% 时，投资者已亏损 5 000 元，期货公司会及时通知投资者追加保证金。如果大批投资者同时出现保证金不足的情况，期货公司和交易所都会出现无法应付的局面，即使强行平仓，短时间也不能处理如此多笔交易。还有可能出现大量违约现象，导致众多纠纷。因此，4% 的涨跌幅限制无论是对于期货投资者，还是对交易所、期货公司都是一种保护。那么什么是强行平仓制度呢？

强行平仓制度指当会员或客户的交易保证金不足并未在规定时间内补足，或者当会员或客户的持仓数量超出规定的限额时，交易所或期货经纪公司为了防止风险进一步扩大，强制平掉会员或客户相应的持仓。

什么状况下会执行强行平仓制度？会员或者客户有下列情形之一的，交易所有权进行强行平仓：（1）结算准备金余额小于零并未能在规定时间内补足的；（2）持仓量超出其限仓规定的；（3）进入交割月份的自然人持仓；（4）因违规受到交易所强行平仓处罚的；（5）根据交易所的紧急措施应予强行平仓的；（6）其他应予强行平仓的。

八、如何选择不同月份期货合约进行交易？

动力煤期货合约按价格月份分共有 12 个交易合约，分别为 1～12 月合约。每个合约都有到期月份，到期后还持有合约，要按合约规定强制交割现货。如动力煤1409合约就是到2014年9月到期的合约。一般期货品种同时交易多个月份的合约，且不同交易者的目标不同，交易方法和选择月份也有不同。

动力煤活跃合约为1、5、9月合约，其他合约持仓量很小，流动性差，价格也波动剧烈。活跃合约里面持仓量最大的通常称为主力合约。动力煤期货通常有两个合约交易活跃，例如，主力合约为1月的合约，通常5月合约的交易量也较活跃。

移仓换月通常发生在合约交割月份的前两个月，主要特点是近月合约持仓量不断下降，远月合约持仓量不断上升。移仓换月过程中，近月的价格运行趋势通常会放缓，甚至反转。

选择参与哪个月份合约与投资的交易目的和交易计划有关。投机者会根据自己对价格的预期选择近月合约还是远月合约。动力煤期货有较强的季节性，冬储季节动力煤价格反弹的概率大。而5月和9月是动力煤的淡季，价格表现也较低迷。因此动力煤合约有1月强，5、9月弱的特征。例如，2014年10月，投资者预期2015年5月供大于求，价格下跌，通常选择在5月合约上做空。而选择在1月合约做多的投资者，对冬季补库存寄予厚望。

选择套期保值的参与者选择合约通常考虑与自己的经营计划相符。例如，企业选择在5月卖出，就要先在5月期货建立相应的头寸。还要根据5月合约的持仓量选择自己需要套保的比例。临近的4月合约的流动性通常很差。选择4月进行现货保值的企业适宜选择5月合约进行套保。

自测题

一、不定项选择题

1. 动力煤合约保证金为价值的5%，某客户在500元价位买入1手动力煤，需交保证金（　　）元。

  A. 7 000　　　　　　　　　　B. 10 000

C. 5 000　　　　　　　　D. 6 000

2. 动力煤合约的交易单位为一手（　　）吨。

  A. 60　　　　　　　　　B. 100

  C. 200　　　　　　　　D. 500

3. 动力煤期货涨跌幅限制为（　　）。

  A. 3%　　　　　　　　B. 4%

  C. ±4%　　　　　　　D. ±3%

4. 某个交易日，动力煤主力合约的收盘价为500元/吨，下一交易日动力煤可能达到的最高价格为（　　）元/吨。

  A. 510　　　　　　　　B. 520

  C. 530　　　　　　　　D. 540

5. （　　）状况下会执行强行平仓制度。

  A. 结算准备金余额小于零并未能在规定时间内补足的

  B. 持仓量超出其限仓规定的

  C. 进入交割月份的自然人持仓

  D. 因违规受到交易所强行平仓处罚的

  E. 根据交易所的紧急措施应予强行平仓的

  F. 其他应予强行平仓的

6. 动力煤期货交割基准地在（　　）。

  A. 曹妃甸　　　　　　　B. 广州港

  C. 黄骅港　　　　　　　D. 秦皇岛

7. 进口煤港口与交割基准港口的升贴水是（　　）。

  A. 25　　　　　　　　　B. -30

  C. 15　　　　　　　　　D. -20

8. 交割月份，非期货公司会员和客户的限仓数额为（　　）手。

  A. 10 000　　　　　　　B. 6 000

  C. 2 000　　　　　　　D. 3 000

9. 动力煤期货的活跃合约为（　　）月合约。

  A. 1　　　　　　　　　B. 5

  C. 9　　　　　　　　　D. 12

二、判断题

1. 动力煤期货的基准品为干燥基 5 500 大卡/千克，干燥基全硫≤1%，全水≤20%。（   ）

2. 动力煤期货的保证金制度为：一般月份最低交易保证金为合约价值的 5%。交割月前一个月上旬、中旬和下旬，分别为 5%、5% 和 15%，交割月为 20%。（   ）

3. 按照郑商所规定，如果 5 500 千卡/千克动力煤交割结算价为 550 元/吨，4 900 千卡/千克的动力煤秦皇岛交割结算价应该为（550 - 90）÷ 5 000 × 4 900 = 450.8 元/吨。（   ）

4. 基准交割品：收到基低位发热量 5 500 千卡，干燥基全硫≤1%，全水≤20%。其中收到基低位发热量 5 500 千卡，即表明 5 300 千卡/千克 < 收到基低位发热量 ≤ 5 800 千卡/千克范围内的动力煤均为基准品。（   ）

5. 5 500 千卡/千克与 5 800 千卡/千克之间无阶梯贴水，就是在 5 300 千卡/千克至 6 200 千卡/千克之间线性换算。（   ）

6. 涉及动力煤车（船）板交割指定交割计价点为北方五港：秦皇岛港、曹妃甸、京唐港、天津港、黄骅港。广州港、可门港、防城港升水 25 元/吨。（   ）

7. 动力煤期货交割厂库为以下 5 家企业：国中煤能源股份有限公司、神华销售集团有限公司、大同煤矿集团有限责任公司、陕西煤业化工集团有限责任公司、内蒙古伊泰煤炭股份有限公司。提货人有权在厂库港口提货点的任一地点提货，港口之外提货的，提货地点由双方协商。（   ）

8. 动力煤期货合约在一般月份最低交易保证金设置为合约价值的 5%，期货公司会在此基础上加收 3% ~ 5% 不等，以控制客户参加期货交易可能出现的价格波动风险。交割月前一个月的上旬、中旬和下旬，分别收取 5%、10%、15% 的保证金，交割月收取 20% 的保证金。（   ）

参考答案

一、不定项选择题

1. C 2. C 3. C 4. D 5. ABCDEF 6. D
7. A 8. C 9. ABC

二、判断题

1. 错 2. 对 3. 对 4. 对 5. 对 6. 对 7. 对
8. 错

第三章

动力煤价格影响因素

> **本章要点**
>
> 本章主要介绍了动力煤的供应和需求特点以及品质和价格的差异。对动力煤的季节性及下游行业特点进行了阐述，同时对动力煤价格的短、中、长期分析方法进行了讲解，力图使投资者在最短的时间里掌握基本面分析方法，更好地进行期货投资操作。

一、为何各地动力煤价格差异如此之大？

动力煤价格在产地、中转地和消费地价格差距很大。根据 2014 年 8 月 4 周价格计算平均值，同样是 5 500 大卡/千克的动力煤价格，在大同南郊车板价是367元/吨，陕北榆林的坑口价是226元/吨，而秦皇岛港离岸平仓价和广州港库提价分别为479元/吨和556元/吨。主要是中国煤炭资源分布不平衡所致，动力煤的消费地主要集中在东南沿海地区，而产地多集中在内陆地区。煤炭从生产出来到消费地经历了汽车的短途运输、铁路运输以及船运等运输环节，各项运杂费增加了成本，最终导致产地、中转地和消费地价格有很大差别（见图3-1）。

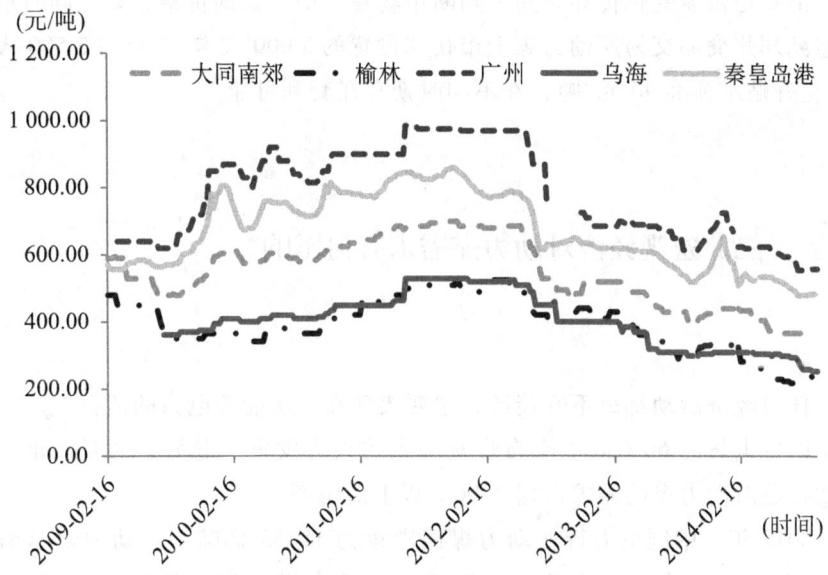

图3-1　各地5 500大卡/千克动力煤价格

另外，各时期动力煤的差价也不尽相同。例如，2012年2月上述几个地区的价格分别是：大同南郊680元/吨，陕北榆林500元/吨，秦皇岛773元/吨，广州港970元/吨。价格高涨的历史时期，产地、中转地和消费地价格差距拉大，因为利益驱使，中间环节涨价导致价差扩大。而在价格低迷时期，为了保证煤炭贸易的正常运营，物流运输部门都会相应减少费用、保证运量。因此价格低迷时期，地域间价差还会缩小。

动力煤价差变动不仅体现在地域上，同时还体现在不同发热量之间。例如2012年2月秦皇岛5 500大卡/千克与5 000大卡/千克的动力煤离岸价差为102元/吨，到了2014年8月，二者价差缩小到63元/吨。煤炭在开采过程中成本与发热量没有必然联系,这就导致部分煤矿具有天然的资源优势,价值更高。随着煤炭价格下跌,部分低发热量煤矿先达到成本线而停产,供给量减少,价格表现抗跌。而高发热量的煤矿仍在成本线以上,下跌幅度相对较大,最终导致二者价差缩小。

动力煤期货选取的标的为:秦皇岛发热量5 500大卡/千克动力煤离岸平仓价格,属于中转地、中高发热量动力煤。分析市场变动时应考虑到产地、消费地供需变化传导时间,判断市场短、中、长期价格波动。同时也应注意到郑州商品交易所动力煤上市初期设置的5 000大卡/千克与5 500大卡/千克升贴水标准90元/吨,在不同时期存在套利可能。

二、宏观经济对动力煤需求有何影响?

任何经济活动都离不开能源,主要表现在二次能源电力的消耗上。2012年中国发电量的60%以上来自煤炭为主的火力发电。电力、水泥、化工和钢铁行业对动力煤的需求占据了90%以上的份额。

2012年,中国电力行业动力煤需求量为18.55亿吨,占动力煤总消费量的62.23%;建材行业动力煤消费量占动力煤总消费量的21.05%,为6.28亿吨;化工行业动力煤消费量占动力煤总消费量的3.71%;冶金行业动力煤消费量占动力煤总消费量的3.37%;其他行业动力煤消费量占动力煤总消费量的9.64%。2007~2012年中国动力煤消费量及结构见表3-1。

表3-1 　　　　　　2007~2012年动力煤消费各行业比重

年份		2007年	2008年	2009年	2010年	2011年	2012年
消费总量(万吨)		203 855	209 857	228 246	254 294	275 160	298 169
电力	消费量(万吨)	134 330	135 750	143 823	162 872	175 043	185 548
	占比(%)	65.89	64.69	63.01	64.05	63.61	62.23

续表

年份		2007年	2008年	2009年	2010年	2011年	2012年
建材	消费量（万吨）	41 496	42 585	49 278	55 343	59 316	62 779
	占比（%）	20.36	20.29	21.59	21.76	21.56	21.05
冶金	消费量（万吨）	9 994	11 806	12 071	11 691	10 288	11 058
	占比（%）	4.90	5.63	5.29	4.60	3.74	3.71
化工	消费量（万吨）	7 285	7 497	8 308	8 959	9 634	10 038
	占比（%）	3.57	3.57	3.64	3.52	3.50	3.37
其他	消费量（万吨）	18 750	21 210	24 010	24 365	30 003	38 572
	占比（%）	5.27	5.82	6.47	6.07	7.59	9.64

资料来源：中国统计年鉴，中国煤炭资源网。

电力的消费主要集中在工业及生活消费领域。根据2012年数据，电力消费中工业用电占73%，生活消费用电为13%，二者合计达到86%，起到决定作用，其中工业用电直接影响动力煤的需求。占工业用电74%的制造业中，黑色金属、有色金属、化学制品及非金属矿物制品业四项占比接近60%。这四项直观上理解为钢材、铜、铝、水泥和聚乙烯等新型材料的制造业。也就是说，2012年中国的主要电力消费与基础设施建设和房地产也息息相关（见图3-2）。

由此可见，宏观经济的变化对于动力煤的需求至关重要。尤其是跟固定资产投资相关的房地产业、铁路、公路城市基础设施建设、水利及环境治理工程这些材料高强度消耗的行业对动力煤的需求影响最大。

随着中国基础设施建设的逐步完善以及经济转型调结构的影响，投资在国民经济中的比重逐步减少，消费在经济增长的作用逐步体现。能源消费逐步达到峰值并开始下降，动力煤的消费也会逐步达到峰值并开始下降。

宏观经济的季节性变化对动力煤需求的影响不容忽视。固定资产投资年内的三个高峰通常在6月、9月、12月三个月份，对动力煤消费产生积极影响。在投资的推动下，钢铁、水泥、建筑材料的需求大大增加，进而带动电力和煤炭需求的双增长。但是动力煤需求的高峰却出现在7月、8月以及10月、11月、12月，是由于民用及商业用电的波动。夏季7月、8月天气炎

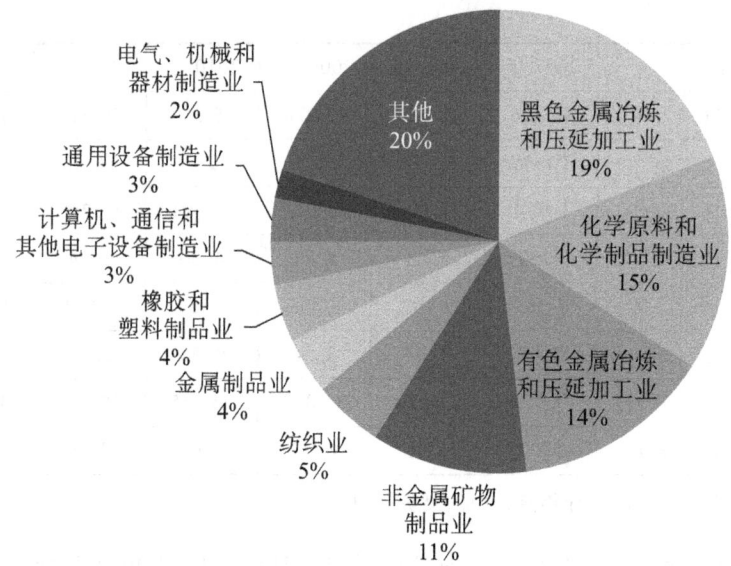

图3-2 制造业中各主要分行业及比重

热,空调用电大幅增加,与工商业活动叠加形成需求高峰,而冬季的取暖需求与动力煤的投资高峰叠加形成了冬季用煤高峰。下面详述动力煤下游的主要行业对动力煤需求的季节性影响。

电力需求旺季在7月、8月以及12月,以投资和工业活动影响为主,夏季民用电的强烈需求使7月、8月的用电需求超过12月的水平。电力需求的淡季在2月,春节期间各种经济活动大幅减少,导致用电需求达到全年低谷。9月是火电需求的淡季,由于天气转凉,用电需求略有减弱,但水电发电量仍处于高位,对火电需求影响很大。

建材行业需求表现出明显的地域性和季节性。建材行业耗煤主要体现在水泥需求方面,2012年水泥需求占建材的70%以上。水泥不便于储存,容易硬化,运输成本也很高,因此水泥消费表现出明显的地域性,生产厂家的销售半径小。水泥淡季在12月、1月、2月,冬季施工活动锐减,水泥产销明显下降。而从3月以后,各种工程相继开工,需求有明显好转,转入旺季并一直持续到年底。

化工行业的煤炭需求体现在合成氨和甲醇工业方面,2012年合成氨用煤需求占化工行业的60%以上。中国合成氨产量主要集中在华东、中南、华北和西南地区。2012年华东地区合成氨产量占中国合成氨总产量的28.75%，中南地区占22.77%，西南地区占17.71%，华北地区占17.47%，其他地区合成氨产量相对较少。合成氨的消费集中在春播期间，旺季在3月、4月，淡季在11月、12月，对动力煤需求的季节性影响有限。

三、动力煤供应有什么特点？

中国动力煤资源集中在"三西"地区，即山西、陕西和内蒙古西部。从煤种上看，山西北部的大同煤田以不粘煤和弱粘煤为主，挥发分不高，而燃烧效率高，属优质动力煤。朔州地区的宁武煤田出产气煤，是中国储量最大的气煤煤田，中煤集团的主要大型矿井都在这一地区。该地区的煤硫含量较高，对环境有污染，价格上也比同规格产品低。山西煤的优势在于高发热量，生产成本虽然比内蒙古、陕西略高，但运输成本低，有效弥补了成本方面的不足。

陕北的动力煤主要在府谷、榆林地区，以长焰煤为主，具有高挥发分、高发热量、低硫和低灰熔点的特征，生产成本低。神华集团的大型矿井多集中在这一地区的陕蒙交界。陕北的铁路运输一直存在相当大的瓶颈，除神华的神朔铁路，铁路上站一般先向北经过内蒙古后下水。当地企业多选择汽运到山西省境内上站，严重依赖山西铁路运力，制约了陕西煤炭的输出。多数企业选择将煤卖给神华，再由神华下水销售，也有部分煤炭经过汽运销售到了山西和河南等省份。

内蒙古西部以鄂尔多斯动力煤产量最大，主要有准格尔矿区和神东矿区，分别主产不粘煤和长焰煤，通过京包铁路和大包铁路运往沿海地区。蒙西地区煤炭埋藏浅，生产成本低，但运输成本高。

包括亚洲第一煤港秦皇岛在内的北方七港是动力煤重要的中转港，华东、华南和长江流域的煤炭都从这里发运。以山西煤和蒙煤为主，陕煤次之，北方七港成为煤炭供应的主力。

动力煤定价的关键是发热量。发热量之外,挥发分和硫分对价格也有很大影响。例如,蒙煤挥发分高,容易自燃,因此价格上会有一定的优惠;平朔的气煤由于硫分偏高,在价格上也有折扣。

动力煤的供应受到成本和煤质的制约。由于成本和发热量的差异,部分距离较远、品质较低的煤矿只能坑口销售。而运到港口的动力煤成本更多受运输距离的影响。随着价格的下跌,运输距离较长、发热量较低的煤炭率先退出海运市场,总供应量也随之减少。

动力煤生产具有季节性。在春节假期产量锐减。通常用煤企业在此期间库存充足,因此不用担心春节期间供不应求的局面。但是在此之前的11月、12月通常是冬储煤的存煤高峰季节,除了采暖和工业煤用量较大以外,冬季储备增加了采购,企业开足马力生产以应对销售压力。而夏季北半球的用煤高峰则是另一个消费旺季,生产高峰通常也集中在7月、8月,与需求高峰相对应。

四、进口煤对市场有什么影响?

2013年中国进口煤总量3.3亿吨,约占全国煤炭产量36.8亿吨的9%。其中动力煤进口量约2.5亿吨,占动力煤消费量的9.4%。从总量上看影响不大,但实际上,流通环节中,国内下水煤的总量为6.6亿吨,进口动力煤占比达到37.8%,足以影响动力煤市场价格。

进口动力煤主要来自印度尼西亚(以下简称印尼)和澳大利亚两个国家。印尼的煤炭开采和运输成本较低,但发热量普遍偏低,水分偏高,主要用于国内电厂配煤掺烧使用。澳洲煤发热量较高,硫分等有害成分低,主产矿区开采成本较印尼高,到国内的运输成本也比印尼高,但售价上有优势。由于澳洲煤发热量在5 500大卡/千克,相当数量的国内电厂不能直接使用,需要掺烧低发热量的动力煤。

由于进口煤在价格上更有优势,中国的动力煤进口量从2009年以来出现大幅度增长，2013年更是创出历史新高。内贸下水煤和进口煤以长江为分割线，在市场份额上有过激烈争夺，进口煤一度在长江以北的江苏有不小的市场份额。进入2014年，随着煤炭价格的走低，进口煤的优势大大减弱，战线一度退缩到华南地区。

随着内贸煤下水量的增加以及东部地区用煤量的下降，内外贸煤在市场份额的争夺上更加激烈。2014年出台限制进口煤的政策，被认为是国内煤炭企业与电厂博弈的结果，虽然指标比较宽泛，但据煤炭工业协会的相关人员解释，理化指标方面对特定的进口煤影响甚大。

进口煤对市场的影响由强转弱，但是本质上，进口煤与内贸煤的竞争还是价差上的竞争。只要价差合理，有利可图，进口煤的数量和份额就会增大。

五、产能过剩是怎么回事？

小贴士

什么是产能？

产能指生产能力，也就是指在计划期内，企业参与生产的全部固定资产，在既定的组织技术条件下所能生产的产品数量，或者能够处理的原材料数量。所谓的产能过剩是指某一时期的煤矿核定产能总和大于实际需求量。

供需对比是一个动态的过程，某一时期产能不足导致供应不足、价格暴涨，就会吸引资本投向煤矿建设，结果当煤矿投产并达到核定产能产量时，产量大幅度释放，导致供大于求，价格下跌。产能过剩意味着有部分产能不能够充分释放，如果充分释放，下游行业消化不了，必将导致竞相降价，恶性竞争。

煤炭行业是典型的大周期行业。2003年以前，煤炭行业一直处于长期亏损状态。尽管煤炭价格受国家调控影响一直处于低位,但整体煤炭需求量不大,产能未能充分释放也是压制价格的重要原因。随着2003年以后基础设施和房地产行业大规模建设的启动,煤炭供给渐渐跟不上需求的增长速度,价格开始一路上涨,此时煤炭行业已经有利可图,大量资金涌入,投资开矿逐步增多。但煤矿从投资到投产时间很长,这一阶段基础设施建设呈爆发式增长,煤炭产能充分释放仍不能满足需求,于是出现超能力生产。业界普遍认同的煤炭行业黄金十年里,煤炭超能力生产屡见不鲜,煤矿事故频发,但利益的驱使未能阻止越来越多的人力和资金投入煤炭行业。2008年金融危机爆发后,需求大幅度萎缩,导致供大于求,原本被炒得虚高的价格暴跌,导致大部分企业亏损。由于国家担心实体经济萎缩,于2008年底推出4万亿元的刺激政策,导致随后的4年用煤需求大幅度增长。这4万亿元的资金投入诸多行业,也包括煤炭行业,随后的4年中,煤炭产能大幅度增长,远远超过需求水平。据煤炭工业协会数据,2012年初全国12 000个煤矿核定产能合计43亿吨,而根据测算煤炭需求约39亿吨,产能严重过剩。

在产能过剩的大背景下,部分煤矿有满负荷生产以降低成本的需求,有的煤矿为保持市场份额不愿减产,也有国有企业为完成年度产量目标而不计成本地生产。其结果就是,竞相降价,抢占市场,高成本的矿井被率先排挤出局,被迫关闭,产量减少。当供需达到平衡后产能不再减少,则重新进入短暂的稳定状态。事实上,这种平衡通常都非常短暂,而过程却十分漫长。煤炭黄金十年后,带来的是煤炭行业漫长的寒冬。

六、成本支撑的说法有根据吗?

首先对成本进行梳理。煤炭成本分为制造成本、期间费用、加工洗选费用和运输物流成本。

煤炭的制造成本跟煤层的赋存条件有关，其中包括煤层埋藏深度、煤层厚度、顶底板结构、瓦斯、水文断层构造等。煤层的埋藏深度越大，开采出来的煤炭提升成本越高，另外冲击地压对巷道要求提高，支护成本提高。煤层的厚度直接决定使用何种设备最经济，一般4米厚的煤层可用综合机械化采煤系统（简称综采），产量大幅度提高，吨煤成本降低。而薄煤层使用综采设备反而增加成本，洗选成本也会提高。顶底板结构决定支护成本，瓦斯、水文增加了通风和排水成本；断层阻断开采的连续性，降低生产效率。从自然条件来看，山西、陕西和内蒙古西部地区条件最好，适合大规模开采，开采成本相对较低，神华、中煤等建设的千万吨级矿井2012年成本据估算在60~120元/吨之间。

煤炭企业生产的期间费用是指财务费用、管理费用和销售费用。这三项费用各企业差别极大。就财务费用来看，内蒙古2008年以后部分新建矿井，由于购买的采矿权价格不菲，吨煤财务成本达到了50~80元不等，而建矿较早的矿井，吨煤财务费用只有1~2元。管理费用方面，国有矿井普遍偏高，主要因为国有企业建制全面，甚至医院、幼儿园等社会机构费用，这些费用都会摊到管理费用中。销售费用与市场状况有关，通常买方市场的时候费用偏低，卖方市场偏高。

洗选成本与煤质本身有关，对于成煤环境好的地区，煤质中灰分较少，回收率较高，成本较低。另外开采方式对煤质影响也较大，由于煤层不均匀，采用机械化开采，采到土层也不可避免，灰分通常较高。举例来说，对于20%灰分的洗精煤来说，如果回收率达到50%，就表明开采出来的原煤有一半不能使用，实际精煤成本是开采成本的两倍。

运输成本对消费地价格影响最大。例如，2014年，内蒙古新街站到秦皇岛东运费为219元/吨，约为制造成本的两倍，而大同南郊到秦皇岛东的运费仅103元/吨。另外矿区到铁路集运站的短倒费及站台费等物流成本也不容忽视。

为了说明成本差异，使中转港成本具备可比性，通常把各矿区煤炭的生产、加工和运输成本换算到同一港口。把成本由低到高排序，作为纵坐标，把产能依次累加形成横轴就画出了成本曲线（见图3-3）。

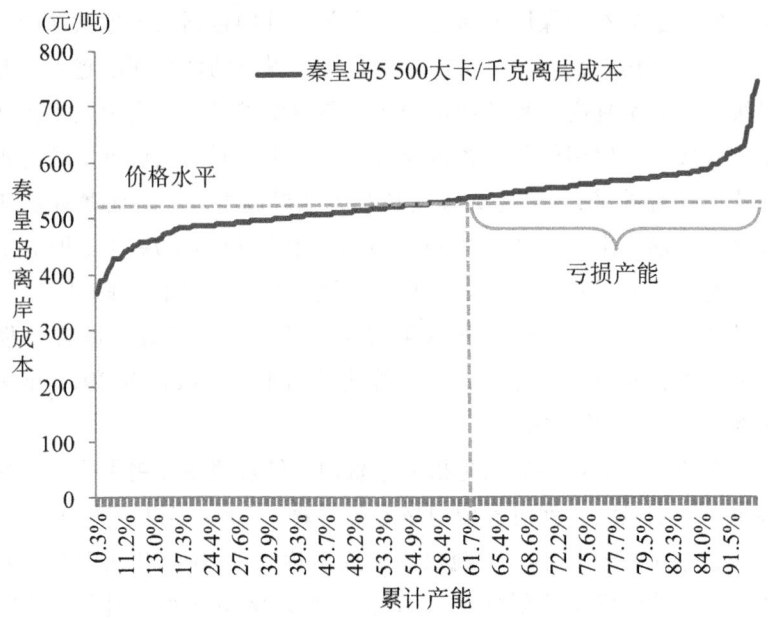

图 3-3 秦皇岛 5 500 大卡/千克动力煤离岸成本曲线

成本曲线显示,在产能过剩的背景下,供大于求导致价格不断下跌,当跌破部分企业成本线以后,开始有煤矿停产退出市场。供应量开始减少,但如果过剩产能远远超过需求,则需要更多的煤矿退出市场,直到供需达到平衡。另外一个很重要的因素是库存对市场的作用。通常不论是煤矿、中转港还是下游企业都会有一定的库存,保持生产的连续性。当煤矿库存堆积、生产不畅时,通常采取降价措施,清理库存。而消费企业在低价时囤积库存,当上、中、下游库存爆满,企业被迫中断生产,价格在消化库存的过程中会跌破多数企业的成本线,继续下跌。当消费企业意识到价格还会不断下跌后,开始缩减采购行为,导致煤企去库存时间拉长,价格跌破成本线就能反弹成为空话。等到消费企业开始补库存,一时间又没有现货,价格开始快速反弹,这一时期,贸易商开始囤货惜售,物流成本又升高,造成中转地、消费地的价格暴涨而生产地价格反弹高度有限,供应难以快速恢复,高价格持续时间有时长达一两个月,2013 年的冬储行情就是一个很好的例子。

另外一个很典型的例子就是需求萎缩的情形。需求减少需要对应更少的供应量才能平衡,也就是说需要更多的煤矿退出生产。在经历一轮长周期的增长后,很少有人能够习惯需求的减速,更不用说萎缩了。因此当价格跌破以前的底线时,很多人不能接受价格继续下跌的事实。简单地说,成本支撑有主观臆测的成分。

 七、如何衡量供需对比的结果?

动力煤合约关注的中转港价格是供需对比的集中反映。研究中转港价格就要看产地到中转港、中转港到消费地的时间。从"三西"地区组织货源,申请铁路计划再运到港口大约需要15天时间,在繁忙的季节时间还会更长一些。海运从派船到北方港口,再返回长江沿线要7天时间,返回广州港大约10天时间,繁忙季节船舶在港口滞留时间较长。

因此,产地产销量变化大约15天后可以传导到中转地,而消费地的库存变化也会在7天左右的时间传导到中转地。这样,在判断供需变化上形成了短、中、长三个周期。

短周期看港口指标,包括库存、船舶数量、码头调入调出指标、铁路检修及大雾封航等。港口库存对港口价格影响很大,通常煤炭贸易商会把采购来的煤炭堆存在港口进行销售。正常情况下,当港口煤炭库存下降,贸易商囤货惜售意愿增强,导致港口煤炭价格上涨。当港口煤炭库存上涨,销售不畅,港口就会电话通知贸易商停止发货,并且采取疏港措施,督促贸易商降价销售给下游。一般来说,价格涨跌还要配合港口的锚地船舶数量来判断。当下游需求好转时,港口集中派船北上拉煤,港口锚地船舶数量增多、库存下降,则价格上涨,反之亦然。

中线分析关注点在于生产地、消费地的供应、需求变化对中转地价格的影响。期货研究所谓的中线一般只有数月时间,看产地产量变化、消费地消费水平的变化、产地库存及消费地库存变化、传导到中转地的时间以及运输物流对传导过程的影响。一般分如下几种情况:产地产量持续下降,同时消费地消费量持续上升;产地产量持续上升,同时消费地消费量持续下降;产地产量持续上升，同时消费地消费量持续上升；产地产量持续下降，同时消费地消费量持续下降；产销量平稳。

第一种情况传导到中转港并导致库存持续下降，最终会导致价格上涨，这种情形通常发生在淡季，但政策刺激却持续发力，形成反季节性上涨。例如2013年夏季，为保持经济增长，政府实施了小规模刺激措施导致夏季用煤需求大增，夏季水电发电较弱加大了夏季用煤紧张，但面对价格"跌跌不休"的行情，电厂认为价格持续下降不愿增补库存，煤矿认为价格低，生产积极性不高。等到了9月，电厂发现库存不足准备补库的时候，煤矿亦无库存可用。上下游价格同时上涨，尤其以中转港涨幅最大。

第二种情况传导到中转港并导致港口库存持续上升，最终结果是价格的下跌。在2012年末发生的价格暴跌就是此例。2008年美国次贷危机发生后，中国经济受到严重影响，为避免实体经济进一步下滑，中国政府出台了举世瞩目的4万亿元经济刺激计划，其目的是通过增加投资实现经济的稳定经济增长，投资最终流向了众多高利润行业，导致4年以后当这些产能释放出来，大幅度增加了供给，与此同时，需求增速远低于供给增速，到2012年冬储期间，供应量大幅度增加，而消费地库存爆满，电厂采购意愿大幅度下降。月度库存消费比从70%~120%只用了几个月时间。突破这一区间，意味着供给大量过剩，价格也由升转跌。

第三种和第四种情况是经常发生的情况。无论是长期从事煤炭生产、使用还是贸易的企业对动力煤的生产周期都有深刻认识。随着信息技术的不断提升，企业对煤炭的生产、运输、销售环节都有充分了解，安排生产更加合理。因此港口的监测数据常见调入调出同涨同跌现象。在供需同向变化的背景下，判断价格方向只有看库存的变化，若供应较强，则库存上升，价格下跌；若需求较强，则库存下降，价格上涨。

长周期关注的是煤矿总体产能的变化以及需求的长期走势。产能分析需要查阅煤炭行业的中长期规划，例如当前的"十二五"规划，同时需要到产地进行详尽的实地调研，统计产地在建煤矿产能、释放周期等。因为在建煤矿沉没成本很高，一旦开建很难停工，所以在建矿井投产以后，对市场供应的影响是可以预见的。需求方面应当关注消费峰值、地域消费变化、替代能源增减以及运输等方面的转变。

可以说任何一个国家能源消费都会出现峰值，能源消费增长最迅猛的时期是工业化中期，以大规模基础设施建设为契机，材料消耗快速上升。随着基础设施建设接近尾声、技术进步以及材料回收利用率的提高，材料消费达到峰值并开始下降，能源消费峰值也随之出现。按照世界其他国家的经验，能源消费峰值出现有三个主要特征：人均 GDP 达到 6 000 美元；城镇化率 50%；第三产业的比例达到 50%。

地域消费的变化关注基础设施建设重点向内陆偏移，材料生产设施向内陆搬迁，以及加工制造业的转移等，这些都涉及东部沿海地区能源消费不断下降的问题。

替代能源中，2012 年比例最高的是水电，占 16%，其他可再生能源和核电合计占 5% 左右，近些年水电和核电电源建设突飞猛进，对火电冲击很大。随着特高压电网的建设，内陆发电向东部和沿海地区输送，削弱了沿海地区发电需求，同时对煤炭需求降低，这些都将减少东部地区的煤炭消费，降低海运煤需求（见图 3-4）。

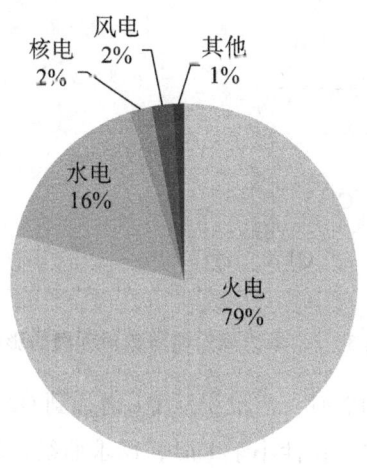

图 3-4　各类型发电量占比

运输物流的建设对降低物流成本起到积极作用。为解决东部地区用煤紧张，国家规划新建几条铁路干线，预计到 2015 年随着晋中南铁路和张唐铁路的全线贯通，运输瓶颈将大大缓解，届时冬季用煤高峰时期铁路请车困难的情形可能不再,同时由于运力宽松,未来铁路运费降价也存在可能性。

八、政策和行政干预对煤炭行业有何影响?

煤炭特别是动力煤长期受计划经济体制管理,行政干预影响较其他大宗商品强。行政干预的手段主要有限产令、限价令,政策干预主要有进出口关税、资源税及地方性收费。

限产令就是要求企业控制产量,保证价格稳定。动力煤在中国的替代产品少,需求弹性小,这就意味着涨价带来的利润远远大于降价。图3-5说明在需求弹性较小的情况下涨价和降价对企业利润的影响。

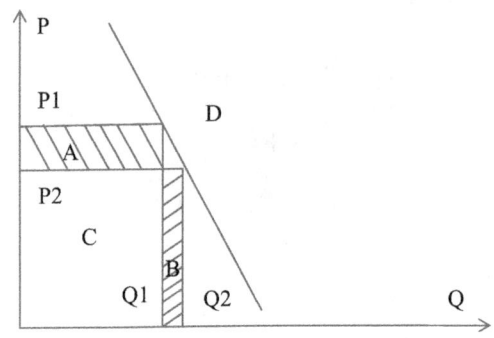

图3-5　动力煤价格涨跌对利润的影响

当价格从P1降到P2时,需求量从Q1增加到Q2,企业在降价中利润由C+A变为C+B。在需求弹性小于1时,需求曲线比较陡峭,降低价格增加的产量不能抵消降价的损失,就是A>B,企业利润减少。

限产令对企业是利好,但是前提是执行力的强弱。按照市场规律,只有寡头垄断或者多头垄断下的市场联盟才能做到限产保价。中国大型煤炭企业多为央企、国企背景,在政策执行上会有一定的效果。但在产能过剩的背景下,降价就能抢占市场份额,缓解生产压力。企业面临这种诱惑时一般坚持的时间不会太久，价格联盟容易破裂。如果按照市场规律，有资源优势的企业会在市场竞争中击垮不具备优势的企业，最终行业集中度不断提高。获取垄断地位后，再以销定产，实现利润的最大化。

限价令包括最低限价和最高限价，是政府或协会要求的最高价格和最低价格。最高限价和最低限价在煤炭交易历史上都出现过。2011年11月底，在动力煤价格持续两年上涨的背景下，电力企业亏损严重。国家发展与改革委员会（以下简称发改委）约谈煤炭企业，出台政令，要求5 500大卡/千克的动力煤秦皇岛港离岸平仓价格不得高于800元/吨。随即煤炭价格一路暴跌，至2014年价格仍在下跌之中。理论上，最高限价会压制企业的生产积极性，使供应减少，而需求方面则相应增加。与之对应，最低限价会抑制需求，而企业的生产积极性则相应提高。

进出口关税对内外贸煤炭的价格有直接影响。进口关税直接增加进口煤成本，导致进口煤必须降价才能与内贸煤竞争，而在价格低迷的阶段，通常降价意味着部分高成本矿井被迫关闭。越是价格低迷的时期，这种保护性政策越容易出台。出口关税意在保护国内资源，防止低价流出，在价格高涨、国内供给不足的时期，通常以高出口关税抑制出口。而在价格低迷的时期，为了帮助企业脱困，有可能降低出口关税，甚至有退税补贴政策出台。征收进口关税和出口的退税补贴容易引起贸易摩擦，甚至导致其他贸易伙伴的报复性措施，竞相抬高贸易壁垒。

九、资金对期货价格有什么影响？

期货市场行情波动的直接推动力是什么？资金。期货市场行情走势的基础虽然是现货市场，但期货市场短期行情走势却有很大的不确定性，尤其是在某些期货品种与现货市场关联不太紧密的情况下。期货市场行情运行具有自身的规律，尤其是当行业消息或政策出现重大变化时，市场预期最先发生改变，导致期货市场内部的情绪出现大幅波动，情绪其实是投资者的情绪，而投资者的情绪波动又通过资金交易表现出来。

2013年9月26日，动力煤期货正式挂牌交易，上市首日便受到了各路资金青睐。26日收盘，主力合约TC1401上涨2.77%，报收于534.4元/吨，成交308 648手，仅次于郑商所的菜粕、白糖、玻璃三个品种。对于一个新品种来说，首日成交量能达到这种水平并不多见，资金在动力煤期货市场中的身影已经初步显现。目前多数煤炭类企业仍处于观望状态，市场参与者仍以个人投资者为主。大型煤炭企业多为国有企业，在参与期货交易前，往往需要通过多层审批，对于各家国有企业来说，如果没有专业的人员和计划，是不会贸然参与期货交易的。

首日30万手的成交量暴露了日内投机资金的炒作热情。同股票市场一样，期货市场也存在着"炒新"现象，往往在新品种上市后会出现资金流入推动价格大幅波动的现象，而当这部分资金获利撤离时，被炒作品种的活跃度也会逐渐降低。从动力煤期货上市首日的情况来看，成交持仓比近9.6倍，该日的成交以日内投机资金的炒作为主。从交易保证金方面来看，在交易所收取5%的基础上，多数期货公司为防范风险仍会附加5%左右的保证金，这样买卖一手动力煤期货的保证金便近1万元，较高的保证金也未阻挡市场炒作的热情。

2013年底在煤炭下游需求短期增加、大型煤企为在新煤电合同谈判（习惯上称为"煤电谈判"）中取得优势等因素的作用下，煤炭现货和期货均出现短期上涨，动力煤期货价格一度从520元/吨左右飙升至600元/吨。相对应的是，动力煤期货主力合约2014年3月3日出现上市以来的首个跌停板，原因是2月28日，在动力煤期货收盘后，神华集团决定下调北方港口多数煤种现货价格20元/吨，这正是导致动力煤期货跌停的直接原因。从上述两个极端行情可以看出，当现货市场出现较大波动后，期货市场在资金和预期的影响下将行情的波动幅度快速放大，导致期货市场出现大幅、快速波动的极端行情。

十、动力煤期货与相关品种之间的行情如何联动？

与郑商所动力煤期货相关的品种主要有渤海商品交易所的动力煤现货、大连商品期货交易所的焦煤期货等品种，下文对其联动状况逐一说明。

渤海商品交易所（以下简称渤商所）的动力煤品种与郑州商品交易所动力煤期货相关程度非常高，因为二者交易的商品几乎相同，仅仅是在具体的品质指标上略有差别。通过科学的计算得到，二者的相关系数高达0.95以上，相关系数是介于-1和1之间的小数，越接近1，正相关程度越高，越接近-1，负相关程度越高。由此可见，渤商所和郑商所的动力煤品种相关性很高，二者表现出非常强的联动性（见图3-6）。

图3-6 各交易所动力煤价格对比

资料来源：Wind。

2010年10月11日渤商所以现货连续交易方式推出动力煤品种，为煤炭生产企业、贸易商和发电企业打造一个新型煤炭贸易平台。通过交易所先进的电子交易系统,交易商可以采用分期付款方式,实现现货合同交易并自主选择交割日期。渤商所动力煤市场具有动力煤贸易、投资和定价三大功能,反映了最真实的供需关系,可以使煤炭供需双方有效应对市场变化。虽然郑商所的动力煤期货品种上市时间晚于渤商所,但二者的联动性非常强。渤商所动力煤市场是研究分析和投资交易的理想的参考对象。

从动力煤的下游需求来看,并没有和焦煤形成很大的交集,动力煤主要用于电力、冶金、煤化工、建材这四个行业,其中电力行业对动力煤的需求占总量的近70%,而焦煤、焦炭主要用于炼钢。但是电力、建材、冶金这些行业都属于国家支柱性行业,在经济增长走下坡路的时候,这几个行业都会出现不景气的现象,因此焦煤和动力煤会有一定的联动效应,但联动性不会像焦煤和焦炭这样在一条产业链上的品种这么强。动力煤上市后对焦煤、焦炭期货会有一定的影响,但是由于各自基本面情况的差异,因此联动效应相对有限(见图3-7)。

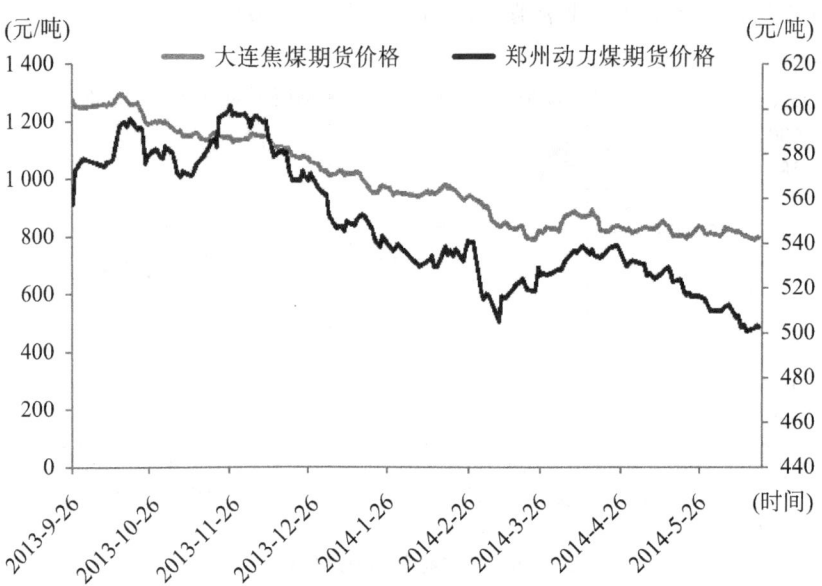

图3-7 动力煤与炼焦煤价格对比

资料来源:Wind。

动力煤消费总量占煤炭消费量70%，受众面更广泛，而焦煤期货则因焦煤—焦炭—螺纹钢的期货产业链原因，机构投资者可在相对封闭的产业链中进行套利操作，投机气氛较强，与之相比，动力煤期货投机点较少，更适合正常的套保操作。

动力煤主要用于发电、机车推进、锅炉燃烧等提供动力的煤炭。而诸如螺纹钢、玻璃等工业品的冶炼生产，用到的主要是炼焦煤。钢铁、建材对动力煤有一定的需求，但用量不大。动力煤与螺纹钢期货在产业链和下游需求方面具有一定重叠区域，具有一定的联系。如果从长远看，宏观环境会使得工业品和能源价格保持一致，但是中短线看来关系不大。

> **延伸阅读**
>
> ### 电煤现货价格每吨不得高于800元
>
> 2011年11月30日
>
> 近期，国家发改委在电煤价格政策专项座谈会上，对重点合同煤价提出了指导意见，2012年年度重点合同煤价格最高可上调5%，包括秦皇岛港在内的北方港口5 500大卡热量的电煤现货价格不得高于800元/吨。这一指导意见将改变以往重点合同煤基本不涨价的状况。
>
> 按国家发改委的指导意见，若重点合同电煤坑口价为550元/吨，则煤炭企业每吨可上调27.5元。据了解，多个省份规定，煤炭企业每年出售给火电企业的重点合同煤是不能涨价的。重点合同煤和市场煤价格上的极度悬殊，使得重点合同煤的履约率一度下降，目前违约率最高已达70%以上。
>
> 另外，发改委同时对煤价也提出了价格调控意见，即2012年包括秦皇岛港在内的北方港口5 500大卡热量的电煤现货价格不得高于800元/吨。
>
> 根据2011年11月28日秦皇岛动力煤价格行情看，5 500大卡热量的电煤平仓价（即港口现货价）为840~850元/吨，与目前电煤价格作对比计算，意见执行后，2012年5 500大卡电煤价格每吨将至少下调40~50元，火电企业将至少节约6%的燃料成本。

> **延伸阅读**

煤炭进口关税将于2014年10月15日起恢复实施

自2014年10月15日起,取消无烟煤、炼焦煤、炼焦煤以外的其他烟煤、其他煤、煤球等燃料的零进口暂定税率,分别恢复实施3%、3%、6%、5%、5%的最惠国税率。分析人士认为,恢复进口关税将对进口煤市场形成冲击,有利于帮助国内煤炭企业脱困。

恢复征收关税后,也就提高了进口煤的到岸成本,使得进口煤的价格优势大幅减少。以动力煤为例,征收关税后每吨进口成本将增加20~25元,长期来看,对国内煤炭市场肯定是利好的。

近年来我国煤炭进口量不断上升。海关总署发布的数据显示,2013年中国煤炭进口共计3.3亿吨,同比上涨13.4%。恢复征收关税后,每年我国的煤炭进口量将减少几千万吨。

实际上自2014年7月底以来,由于当前约有70%的煤炭企业出现亏损,政府已经推出了一系列的政策(如限产、限制进口等)来帮助煤炭企业脱困。国务院常务会议决定实施讨论已久的煤炭资源税改革,即从2014年12月1日起,全国煤炭资源税将由按量计征改为按价计征。2013年8月30日,海关总署已经取消褐煤的零进口暂定税率,恢复实施3%的最惠国税率。

自测题

一、单选题

1. 郑州商品交易所动力煤上市初期设置的5 000大卡/千克与5 500大卡/千克升贴水标准为(　　)元/吨。

  A. 60   B. 90

C. 120　　　　　　　　　D. 75
2. 2012年，电力消费中工业用电占总消费量的（　　）。
   A. 73%　　　　　　　　B. 86%
   C. 13%　　　　　　　　D. 60%
3. 山西北部的大同煤田的动力煤牌号以（　　）为主。
   A. 不粘煤　　　　　　　B. 长焰煤
   C. 褐煤　　　　　　　　D. 无烟煤
4. 陕北的动力煤主要在府谷、榆林地区，动力煤牌号以（　　）为主。
   A. 不粘煤　　　　　　　B. 长焰煤
   C. 褐煤　　　　　　　　D. 无烟煤
5. 进口动力煤主要来自（　　）和（　　）两个国家。
   A. 澳大利亚　蒙古　　　B. 印度尼西亚　澳大利亚
   C. 蒙古　俄罗斯　　　　D. 俄罗斯　哥伦比亚
6. 2012年水电发电量占比（　　）。
   A. 13%　　　　　　　　B. 10%
   C. 5%　　　　　　　　 D. 16%
7. 2012年核电发电量占比（　　）。
   A. 13%　　　　　　　　B. 10%
   C. 5%　　　　　　　　 D. 16%
8. 郑商所动力煤期货与（　　）交易所的品种相关性最高。
   A. 大商所焦煤期货　　　B. 大商所铁矿期货
   C. 渤商所动力煤品种　　D. 大商所焦炭期货
9. 2012年，我国电力行业动力煤消费量占总消费量的（　　）。
   A. 62.23%　　　　　　　B. 21.05%
   C. 3.71%　　　　　　　D. 9.64%
10. 2012年，建材行业动力煤消费量占动力煤总消费量的（　　）。
    A. 62.23%　　　　　　　B. 21.05%
    C. 3.71%　　　　　　　D. 9.64%

二、判断题

1. 中国动力煤资源集中在"三西"地区，即山西、陕西和宁夏西部。
（　　）

2. 煤炭成本分为制造成本、期间费用、加工洗选费用和运输物流成本。
（　　）

3. 动力煤短周期分析看港口指标，包括库存、船舶数量、码头调入调出指标、铁路检修及大雾封航等。（　　）

4. 限价令包括最低限价和最高限价，是政府或协会要求的最低价格和最高价格。（　　）

5. 渤海商品交易所的焦炭品种与郑州商品交易所动力煤期货相关程度非常高，二者的相关系数高达0.95以上。（　　）

6. 从动力煤的下游需求来看，并没有和焦煤形成很大的交集，动力煤主要用于电力、冶金、煤化工、建材这四个行业。（　　）

7. 动力煤期货选取的标的为：秦皇岛发热量5 000大卡/千克动力煤离岸平仓价格。（　　）

8. 动力煤的消费旺季分别是7月、8月的夏季用电高峰和冬储用煤高峰。（　　）

9. 黑色金属、有色金属、化学制品及非金属矿物制品业四项占工业用电的比例接近60%。（　　）

10. 2013年中国进口煤总量3.3亿吨，约占全国煤炭产量36.8亿吨的9%。（　　）

参考答案

一、单选题

1. B　　2. A　　3. A　　4. B　　5. B　　6. D　　7. C　　8. C
9. A　　10. B

二、判断题

1. 错　2. 对　3. 对　4. 对　5. 错　6. 对　7. 错
8. 对　9. 对　10. 对

第四章

煤炭企业如何利用动力煤期货

本章要点

近年来,受全球经济持续疲软、行业产能过剩严重影响,我国煤炭价格大幅下挫,煤炭行业滑向全行业亏损边缘,企业经营面临较大压力。从国内外大型企业稳定经营的成功案例看,期货工具由于具有"价格发现"和"套期保值"功能,是企业实现规避风险、稳定经营的最有效、最成熟的金融工具。

本章从套期保值的定义,煤炭企业参与套期保值的意义和方式入手,就企业如何利用动力煤期货进行套期保值、库存管理、质押融资、点价交易等操作进行了深入的阐述,并对企业开展套期保值业务过程中所涉及的方案制作、风险控制和效果评价进行了详细分析。同时,文中设计了丰富的操作案例,来说明能够使煤炭企业快速掌握并利用期货工具开展风险管理的基本原理和操作技巧。

第四章 煤炭企业如何利用动力煤期货　67

一、什么是动力煤期货的套期保值？

（一）动力煤期货套期保值的概念

动力煤期货的套期保值是指动力煤的生产经营者在现货市场上买进或卖出一定数量煤炭现货的同时，在期货市场上卖出或买进与现货市场数量相当但交易方向相反的动力煤期货合约，以一个市场的盈利弥补另一个市场的亏损，从而达到规避价格波动风险的目的。

例 4-1　某煤炭生产企业担心未来动力煤价格的下跌会导致其生产利润的下降，就在期货市场上卖出相应数量的动力煤期货合约。如果建仓后动力煤价格走势与预期方向一致，即动力煤的期货价格和现货价格都出现下跌，此时，企业生产出动力煤并以市场价格卖出时，其销售利润会相应降低，但期货市场会有一定盈利。当然，如果动力煤的价格走势与企业的判断相反时，企业生产出的动力煤将能够以超出预期的利润进行销售，而期货市场却会出现一定亏损。一般来讲，期货市场上的盈亏水平基本与现货价格的涨跌产生的利润波动持平，从而将企业的利润锁定在一个稳定的水平。

显然，套期保值的实质就是通过市场机制，充分运用期货、期权等金融工具和手段，有效规避和防范价格波动给企业经营带来的风险，稳定企业的经营利润，是实现企业稳健发展的风险管理策略和管理方式（见图 4-1）。

（二）动力煤期货套期保值的基本原理

期货市场之所以具有套期保值的功能，是因为期货市场与现货市场的关系满足两个基本条件：一是期货价格和现货价格的波动方向是一致的，即期货价格趋于上涨时，其现货价格也趋于上涨，反之亦然。以动力煤商品为例，尽管动力煤期货与现货市场是两个相对独立的市场，但在实际运行过程中，由于动力煤期货和现货的主要差异在于交货日期不同，而它们的价格则

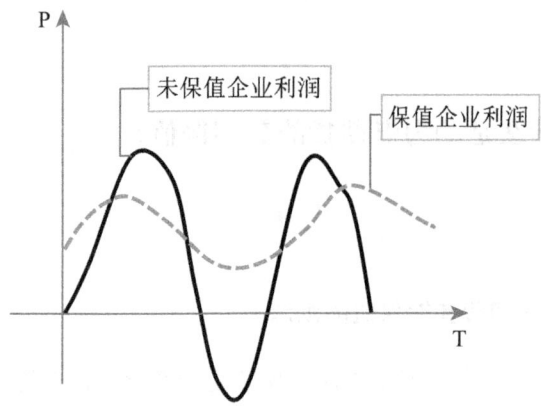

图 4-1 企业参与套期保值后的利润示意图

受相同的宏观经济因素和市场供需等非经济因素影响，因此其价格波动的方向具有一致性的特点。二是随着合约到期日的临近，期货价格与现货价格将趋于一致。这主要是由于期货合约有到期必须进行实货交割的规定，使现货价格与期货价格具有了趋同性，即当期货合约临近到期日时，两者价格的差异将接近于零，否则就会出现套利的机会。例如，在动力煤期货的到期交割日，出现了期货价格远大于现货价格现象，那么投资者就可以在现货市场大量采购现货，拿到期货市场卖出交割，从而获取无风险的套利机会。由于期货市场是一个开放的市场，这种套利机会的出现必然会吸引大量的投资者开展买现货卖期货的套利交易，从而在一定程度上打压期货价格，拉升现货价格，直至这种套利机会消失，期现货价格趋于一致。以上两个基本原理的存在，决定了期货和现货价格具有高度的相关性，也是使动力煤期货套期保值能够顺利实现的重要保障（见图 4-2）。

（三）动力煤期货套期保值的基本原则

一般来讲，动力煤企业在参与套期保值交易时要遵循四个基本原则，且在实际的套期保值操作过程中要同时兼顾，忽略其中任何一条都有可能影响动力煤期货套期保值的实际效果。

1. 商品种类相近或相同原则。指企业在开展套期保值业务时，参与的期货品种必须与实际生产经营所涉及的产品相近或相同。以动力煤期货套期

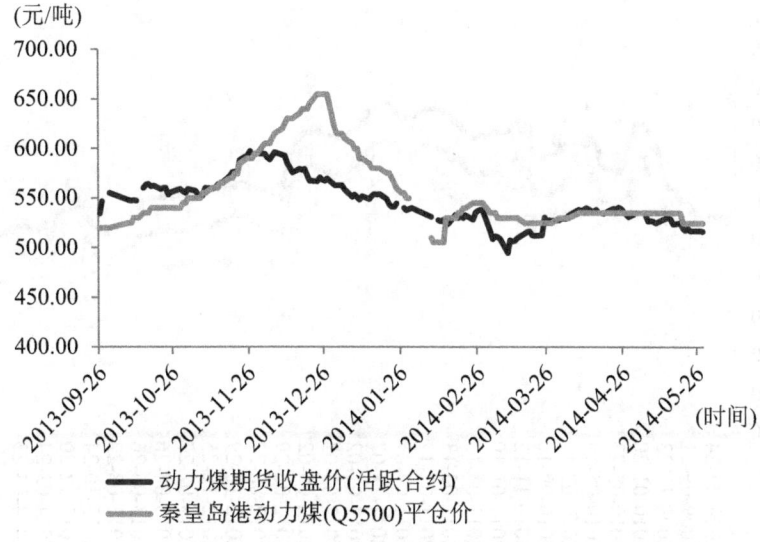

图4-2 动力煤期现货价格走势图

保值交易为例，动力煤期货合约对应的交割标的物是符合交易所规定标准的发热量≥4 800大卡，全硫分≤1%的动力煤。而在很多企业的生产经营过程中，涉及的产品往往与期货市场的交易对象并不完全相同，比如发热量较低的动力煤，硫分较高的动力煤、喷吹煤等，但都属于同类型的煤炭产品，其价格走势具有较强的一致性，应该说符合商品种类相近的原则（见图4-3）。

2. 交易方向相反原则。企业在开展套期保值操作时，在现货市场和期货市场的买卖方向必须相反。比如动力煤生产企业参与套期保值时，由于目前拥有大量的煤炭库存，未来也将会生产出大量的煤炭产品，主要担心由于煤炭价格下跌带来的经营风险，因此其在期货市场上的操作就应该是卖出套期保值。只有遵循该原则，企业才能在一个市场上亏损的同时，在另一个市场上产生盈利，从而达到套期保值的目的。否则，不仅难以规避动力煤价格波动带来的经营风险，反而还会放大风险。

3. 数量相等或相当原则。指企业在进行套期保值操作时，参与的期货合约的数量要与现货市场上买进或卖出的产品的数量相等或相当。比如某煤炭生产企业年产动力煤的数量为300万吨，其年度参与动力煤期货的数量要≤300万吨。坚持这项原则的原因是只有保持期货市场和现货市场动力煤交

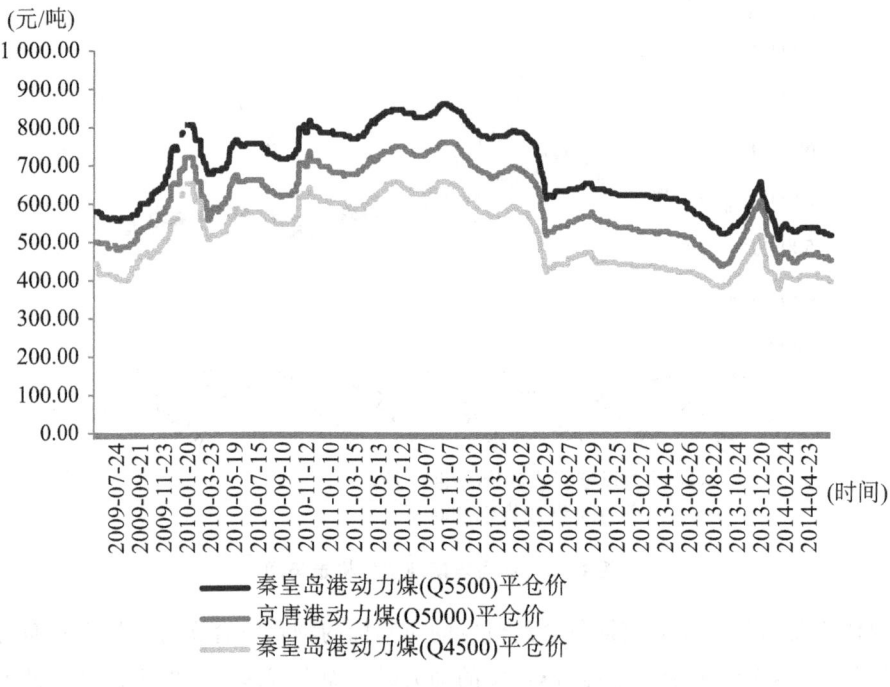

图 4-3　不同热值动力煤价格走势图

易数量相等或相当,才能最大限度地使一个市场的亏损能够被另一个市场的盈利弥补,从而达到套期保值的效果。但是,在套期保值的实际操作中,由于期货价格与现货价格的波动幅度和频率不同,采取1∶1的数量进行套期保值往往很难达到良好的套期保值效果。因此,企业在参与套期保值过程中,不能刻板地坚持这一原则,应该根据企业的生产经营实际和期现货市场的运行状况,通过参考最佳套期保值比率、公司财务状况等指标确定最终的套期保值数量。

4. 月份相同或相近原则。指企业参与套期保值所选择交易的期货合约,交割月份应与在现货市场上实际买进或卖出现货的时间相同或相近。之所以考虑到这项原则,是因为随着期货合约交割期的临近,期现货价格存在趋于一致的规律,这会令企业参与套期保值的效果更好。但是,在实际操作中,由于目前动力煤期货并不是所有月份的合约都活跃,合约的"159现象"较为明显,企业在参与套期保值时对于合约的选择比较有限,一般来讲很难做到与现货市场的操作完全一致。

二、煤炭企业参与套期保值有哪些好处？

（一）有利于降低或转移价格波动风险

煤炭相关企业的生产经营是一项持续性的活动，煤炭从开采、洗选、销售到使用会有较长的时间差，产品流通涉及生产企业、贸易企业及下游消费企业等环节，各环节由于其在产业链中所处的位置不同，因此也面临着不同的价格波动风险。对于生产企业来说，由于企业生产销售周期较长，这期间煤炭价格的波动会使企业面临较大的利润波动风险和库存贬值风险。一方面，当煤炭价格上涨时，由于企业生产周期较长，无法及时将更多的煤炭以较高价格抛出，获得上涨行情中的超额利润，因此煤炭价格的上涨对企业带来的利润增长非常有限；另一方面，当煤炭价格大幅下跌时，煤炭企业并不能及时抛出煤炭库存或完全停工，从而面临着库存价值大幅缩水和经营利润大幅降低甚至亏损的风险。

对于电力企业或贸易企业等中下游环节而言，其与煤炭企业的贸易模式大致分为两种。一种方式是大型消费企业与大型煤炭企业的年度订货会模式。在这种模式中，大型煤炭集团一般会在年底与下游消费企业订立下一年度的供货协议并确定长协价格和供货数量。但是，随着煤炭价格的波动，该协议往往只能保证最低的采购数量，而实际采购价格则要参照当期市场价格，尤其是在煤炭价格波幅较大时，双方对供货协议履约的比例更低。另一种方式是中小型下游企业通过贸易商以市场价格采购煤炭，采取这种方式，下游中小型的消费企业一般并不与煤炭企业签订稳定而长期的供货协议，而主要由贸易企业供货，成交价格则参考市场价格。上述两种模式，动力煤价格的波动均会对下游企业的生产经营产生重要影响，企业采购动力煤的成本只能被动地随行就市，缺乏主动性和稳定性，不利于生产的开展。

企业在经营过程中，根据市场行情的变化，充分利用动力煤期货的套期保值和价格发现功能，能够很好地规避和降低价格波动给经营带来的风险。例如，当煤炭价格上涨至较高水平，生产企业拥有较高的经营利润时，可通过期货市场将未来一段时间内的产量高位抛出，从而达到锁定生产利润的目的。对于下游消费和贸易企业，当煤炭价格处于底部区域时，则可通过期货市场建立部分虚拟库存，从而锁定企业的采购成本（见图4-4）。

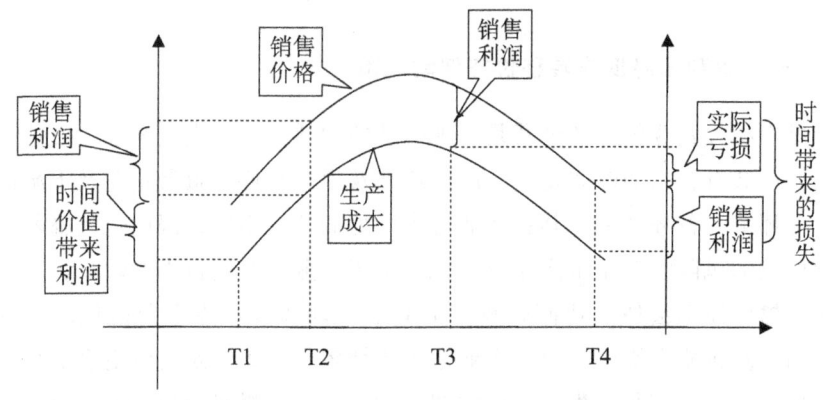

图4-4　时间价值对销售利润的影响

（二）有利于提高企业整体管理水平

从国际期货市场的发展历程看，期货市场的发展必然会促使更多的金融资本通过参与期货市场的交易影响实体产业的发展，使得金融资本与产业资本的融合和渗透都更加紧密。企业参与期货市场，不仅需要面对实体经营中涉及的市场供需、产品运销等问题，而且更需要关注国内外宏观经济环境、资本市场的变化、期货市场的价格走势和持仓变化等信息，通过运用期货工具，能够在库存管理、资金管理、产业链管理等方面快速提高整体经营管理水平。

例4-2　老李是一家煤炭企业的老板，早在1998年就成立了煤炭经销公司，主要从事煤矿的投资和煤炭产品的销售。由于老李经营思路比较活跃，社会资源比较多，企业在成立后不久得到了极大的发展，2005年前后企业的经营利润就达到了3 000多万元。此后的近10年时间，我国煤炭市场迎来了"黄金十年",但老李的企业却并未得到快速壮大,企业规模仍然停留在十几年前的水平,而老李曾经的小兄弟和下属小陈却用 10 年时间实现了从"皮包公司"到上市公司的巨大转变,令老李羡慕不已,但也很不服气。在一次私人聚会上,小陈对当年的老大哥道出了其中的奥秘,也让老李见识到了期货市场的魅力。原来,小陈的企业主要经营焦煤、焦炭等相关产品,经营之初受市场价格波动和经济环境影响较大,当市场不好、价格下行时,企业亏损较为明显,而当价格快速上行的时候却由于资金和企业产能限制,并未获得较大的收益。在一次偶然的机会,小陈接触到了期货,并尝试利用期货进行现金流管理、库存管理和价格管理,以期货促进企业整体管理水平的提高,取得了很好的效果。小陈说,2005 年煤炭市场开始好转的时候,由于煤炭类的商品还没有期货品种,但考虑钢材价格与煤炭价格的相关性较高,所以就采取用螺纹钢期货替代煤炭期货的方式开展期货交易。当市场销售较为旺盛,价格上涨趋势较为明显时,小陈便在期货市场上建立买入头寸,建立起较多的虚拟库存,一方面解决了现货库存占用较多资金的问题,另一方面也能够较大程度地获得市场的超额利润。通过这种方式滚动操作,企业经营规模获得了极大的发展,盈利水平远远超过同行业。2011 年焦炭期货上市,小陈随之调整方向在焦炭期货上进行套期保值,规避了替代套保的种种不足,也更好地将现货经营与期货交易统筹安排,实现了增加销售渠道和动态库存管理的目的。通过套期保值和期现套利交易,企业的生产经营获得了良好的环境,市场规模不断壮大,企业的管理水平也得到极大提高,实现了从生产、供应到销售等各个环节的精细化管理(见图 4-5)。

(三) 有利于保证企业获取稳定的市场利润

期货市场套期保值的基本功能可以用"两锁一降"来形容,即通过在期货市场上买入或卖出期货合约,锁定原材料的买入价格和产成品的售价,达到锁定正常经营利润的目的,降低企业经营所面临的价格风险,获得稳定的发展环境。以煤炭行业的发展为例,受国内外宏观经济环境和市场供需关系变化的影响,我国煤炭市场的发展经历了冰火两重天的价格走势,煤炭市场价格剧烈波动,企业的经营利润也随着煤炭价格的波动而起伏不定,企业经营面临的风险空前增大。从 2003 年下半年开始,全球煤炭市场开启了所

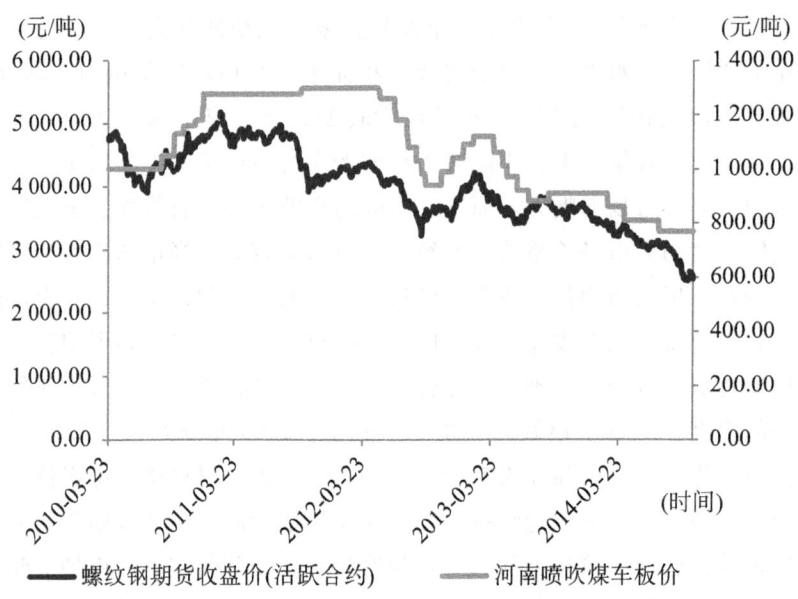

图 4-5 螺纹钢期货与河南喷吹煤车板价走势图

谓"黄金十年"的走势,澳大利亚 BJ 动力煤现货价格从 2003 年下半年的 25 美元/吨附近,最高上涨至 2008 年中的 190 美元/吨,价格增长近 7 倍,仅 2007~2008 年一年的时间,价格从 60 美元/吨上涨至 190 美元/吨,涨幅超过 2 倍。但是,随着全球金融危机的持续发酵,BJ 动力煤现货价又从 2008 年的 190 美元/吨高点下跌至 2009 年初的 60 美元/吨,只用了不到一年的时间。这种巨幅波动的价格走势,使得煤炭类的企业面临着巨大的经营风险,经营利润随着市场环境的变化而剧烈波动,尤其是中间贸易企业的生存环境更加恶劣,曾一度出现贸易商集体倒闭现象。而从国际大型企业的经营历程来看,期货套期保值业务为企业规避价格风险、锁定成本和利润发挥了重要作用,日渐成为实现经营目标不可缺少的风险管理工具(见图 4-6)。

例 4-3 海博能源(化名)是注册在山西太原的一家煤炭贸易公司,主要业务是低价从煤炭企业采购动力煤,然后高价卖给下游用煤企业,从中赚取微薄差价。在日常的生产经营中,虽然经过多年的市场摸爬滚打,其对煤炭价格的中短期走势变化和波动规律的把握都比较准确,但仍然不能有效提高企业的经营利润。原因在于当煤炭市场转暖、市场销售旺盛时,企业很

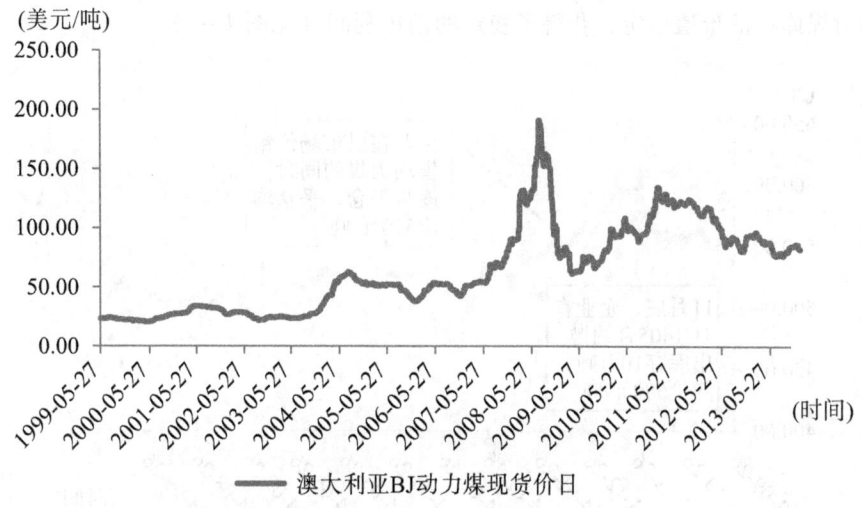

图 4-6 澳大利亚 BJ 动力煤现货价格走势图

难从上游煤炭企业拿到大量的货，且很多情况下都是要先付款再拉货，资金压力很大，往往只有很少部分的煤炭可以在高价区卖出，获得超额利润。而当煤炭价格向下运行或运行至低价区时，虽然企业从上游煤炭企业拿货较容易，但销货却非常困难，而且还面临着刚订上货就已经亏损的风险，企业只能采取尽可能减少库存和贸易量的方式减少损失，即使煤炭价格跌至成本线以下，但由于库存规模和资金限制，不能大规模开展采购活动，企业对此非常苦恼。

2013 年 9 月 26 日，动力煤期货在郑州商品交易所上市，海博能源对此表现出极大的兴趣，并强烈预感到新品种的上市必将带来很好的投资机会。果然，动力煤期货 1405 合约上市之后就出现了很好的上涨趋势，并很快突破 580 元/吨。海博能源在对国内外经济环境和煤炭市场供需情况进行深入分析的基础上认为，此次价格上涨的可持续性不强，2014 年 5 月环渤海 5 500K 动力煤的平仓价达到 580 元/吨的可能性很小，于是结合自身的资金和库存情况，在 580 元/吨以上分批建立了 20 000 吨动力煤空头头寸。果然，随着市场炒作氛围的结束，动力煤价格在神华、中煤等大型煤企下调价格的背景下大幅下挫，动力煤期货 1405 合约也一度跌破 500 元/吨，企业则根据库存的消化情况，逐步对 20 000 吨动力煤期货空头逐步平仓，从而很好地保证了动力煤库存的价值稳定,获得了稳定的销售利润(见图4-7)。

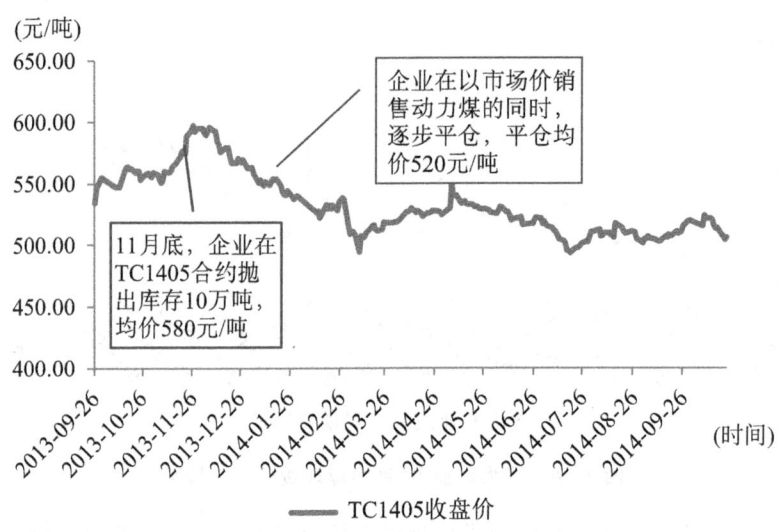

图4-7 海博能源套保示意图

(四)有利于减轻资金压力和增加采购销售渠道

煤炭行业是典型的资金密集型行业,也是周期性非常强的行业。在煤炭销售旺季时,由于行业集中度较高,上游煤炭企业的话语权较大,下游消费企业或贸易企业在采购煤炭时,往往需要在短时间内支付巨额购煤费用,因此需要占用大量资金,不利于企业的资金周转。有些中小型的下游企业或贸易企业甚至存在拿不到煤炭的情况,只能通过社会关系或第三方进行采购,大大增加了采购成本。相反,在煤炭市场销售淡季时,由于肩负较大的资金压力和社会责任,再加上行业安全规程的要求,在市场非常不利的情况下,即使经营利润微薄或出现亏损,也必须维持正常运转,从而造成库存高企,销售困难,有些企业甚至由于资金链的断裂而出现破产风险。

期货市场由于采取保证金交易制度和交割制度,企业只需要向交易所预先支付少量的交易保证金,就可以进行大宗商品期货合约的交易,从而避免了企业的资金被大量占用,也增加了企业的销售采购渠道,能够使煤炭行业的上下游企业灵活选择购买和销售煤炭现货的时机。

例4-4 今年以来,煤炭销售的不畅和煤炭市场价格的持续下滑使山西某大型煤炭生产企业感受到空前的压力,一方面是煤炭销售不畅造成企业库存快速上升,另一方面又不得不面对银行对煤炭行业收紧贷款所造成的资金压力。此外,由于市场销售往往采取承兑汇票的方式进行结算,而维持企业的正常运转却需要现金流转,这家曾经风光无限的大型煤炭企业陷入疲于经营的困境,不得不采取延期发放中高层管理人员工资和降价销售的方式来解决目前遇到的困难,但效果依然不佳。此时,国内某期货公司到该企业推广动力煤期货业务,通过与企业深入沟通后了解到企业目前遇到的困难,并结合企业的生产经营实际制作了该企业利用期货市场拓展市场销售、加快资金流转的方案,得到了企业的初步认可。4月中旬,该企业通过对比现货销售价格与期货盘面价格,发现刨除期货交易的相关成本后,基本与现货销售价格持平。考虑到期货市场回款较快,因此该企业在期货市场上建立了50 000吨动力煤空头头寸,1周之后通过会员服务系统提前与某贸易企业配对成功,顺利实现销售并及时收到了相应货款,在利用期货工具开展销售方面进行了有益尝试。

三、煤炭企业参与动力煤期货有哪些策略?

根据煤炭行业的运营特点,煤炭产、运、销过程中涉及的企业主要包括生产企业、贸易企业和下游消费企业。由于各类企业在煤炭产业链中所处的位置不同,其所面临的风险也不尽相同,因此,在利用期货工具进行风险管理的过程中,各类企业采取的方式和策略也有所不同。根据煤炭产业链各类型企业的运营模式及煤炭价格波动的特点,涉煤企业主要有三种类型:上游敞口企业、双向敞口企业和下游敞口企业。其在运用期货进行套期保值的过程中,一般包括买入套期保值、卖出套期保值和混合套期保值三种操作策略(见图4-8)。

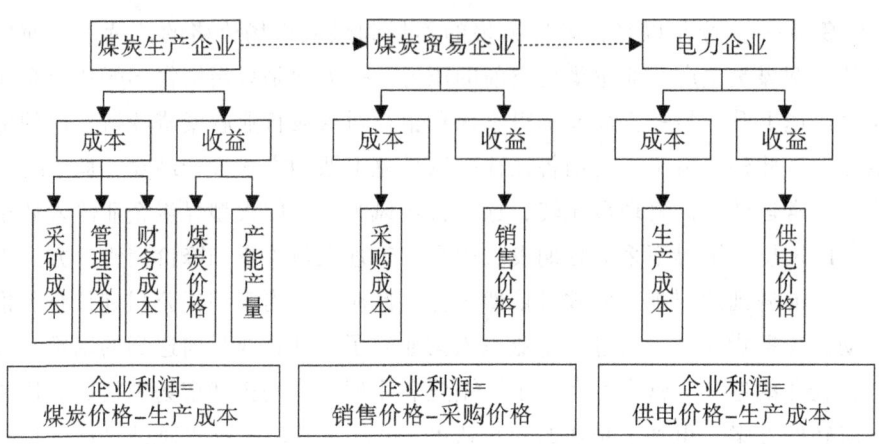

图4-8 煤炭产业链成本收益图

(一)上游敞口企业

对于动力煤产业链而言,上游敞口企业主要是指以动力煤为主要原料,产品价格却与动力煤价格的相关性不大,动力煤价格的涨跌一般不会影响企业的销售收入,而动力煤采购价格的高低却会影响到企业经营利润的企业。因此,这类企业参与动力煤期货的目的是将动力煤采购价格锁定在较低的水平以保证经营利润的最大化,从而避免因动力煤原料价格的上涨而造成的利润缩水风险,最典型代表是电力企业、水泥企业、化工企业等动力煤终端消费企业。这类企业往往采取买入套期保值的策略(见图4-9)。

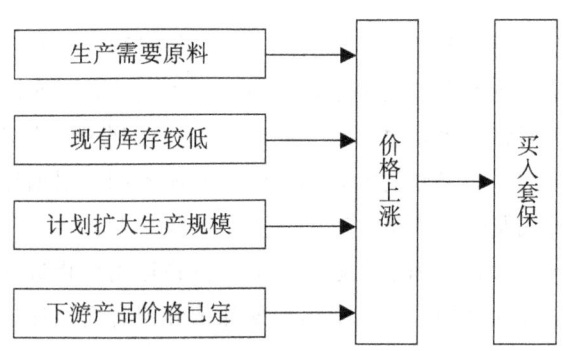

图4-9 上游敞口企业风险规避示意图

（二）下游敞口企业

这类企业最典型的代表是煤炭生产企业，以及拥有大量煤炭库存的贸易企业。其经营的主要特点是原料采购成本或生产成本相对固定，企业的经营利润主要来自以高于成本价格销售动力煤产品，因此动力煤价格的波动会影响到企业的经营利润，极端行情下甚至会出现巨大亏损。这类企业参与套期保值的目的是利用期货工具尽可能在高位锁定动力煤的售价，或避免动力煤价格跌破成本价而造成亏损。这类企业一般采取卖出套期保值的策略（见图4-10）。

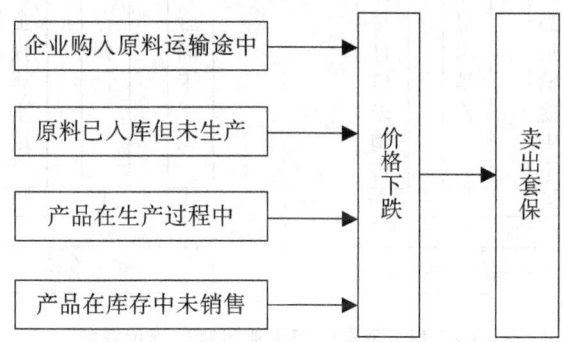

图4-10　下游敞口企业风险规避示意图

（三）双向敞口企业

双向敞口企业是指企业处于产业链的中间，其原料采购成本和市场销售利润都随动力煤价格的波动而变化，典型代表是动力煤贸易企业，尤其是国际进出口贸易企业。这类企业的经营利润主要是赚取产品的加工费用或贸易价差，但是如果原料采购和产品销售在定价时间、定价方式和价格基准上不一致，企业就会面临额外的风险，不能稳定赚取贸易价差。这类企业参与动力煤期货的目的是将销售价格锁定在较高位置或将采购成本锁定在较低位置，常常要根据实际经营情况同时进行买入套期保值和卖出套期保值（见图4-11）。

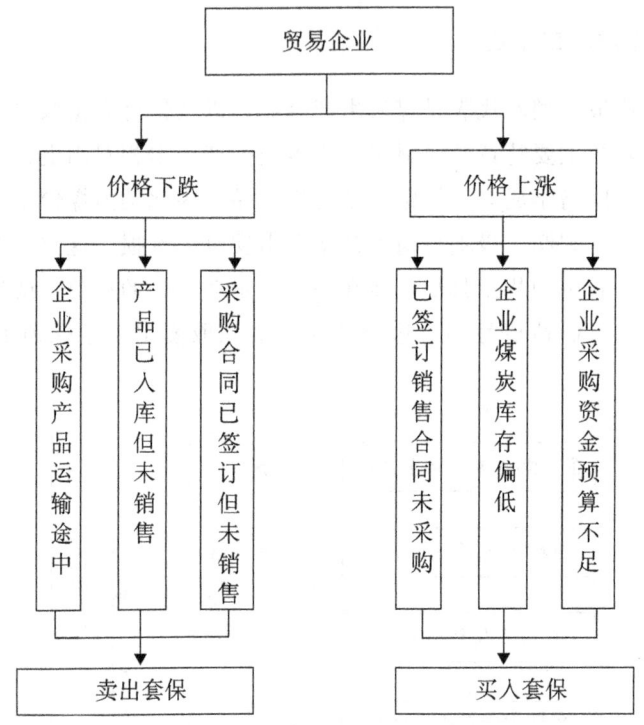

图 4-11 双向敞口企业风险规避示意图

 四、中间贸易商参与动力煤期货的方式有哪些?

中间贸易商是动力煤市场连接生产企业与下游需求企业的重要链条,在动力煤行业中扮演了重要角色。作为动力煤市场的中间贸易商,由于其敞口风险往往来自上下游市场价格波动的双向不确定性,其套期保值的方式也是双向的。简单地说,当贸易商准备采购动力煤时,由于担心动力煤价格上涨而增加采购成本,应选择买入套期保值。当贸易商有较多的动力煤存库待销,担心价格下跌而造成库存贬值时,就应选择卖出套期保值。根据企业利用动力煤期货的目的不同,可以有以下几种操作方式。

(一) 利用期货工具盘活资金

一般来讲,动力煤贸易商在实际经营过程中都会保持一定的动力煤库存。市场销售顺利、价格合适的时候库存会多一点;销售不畅、价格不合适的时候会少备一点。在采购过程中,由于煤炭企业往往会要求贸易企业以现汇的方式进行结算,因此企业库存往往会占用大量的资金,甚至影响企业的现金流。动力煤期货上市后,企业可以利用动力煤期货的保证金制度,把一部分现货库存建立在期货市场上,从而达到缓解资金紧张、节约财务成本的目的,这也是市场上常说的虚拟库存管理。

一般来讲,虚拟库存管理是指利用期货工具、远期合同等方式,结合企业经营的实际需要,将企业未来需要的原料或生产的产品,一部分在期货市场、远期交易市场等金融衍生市场买入或卖出,在不影响企业正常经营的情况下,尽可能降低企业实物库存,从而达到盘活资金、降低风险和提高企业运营效率的目的。

例 4-5 某动力煤贸易企业,动力煤常备库存为 100 000 吨,假设动力煤采购价格为 550 元/吨,则库存占用资金为 5 500 万元,但此时企业却发生了严重的现金流不足。为了在不影响企业整体库存水平的情况下有效缓解资金压力,企业根据实际经营情况,把现货库存压缩到 50 000 吨,并同时建立了 50 000 吨的期货库存,此时资金占用为:50 000 × 550 + 50 000 × 550 × 10% = 3 025 万元,在保持库存总量不变的情况下,为企业节约 2 475 万元左右的现金流量(见表 4-1)。

表 4-1　　　　　　　　企业库存管理资金占用表

	纯现货库存管理	期现结合库存管理	
		现货库存	期货库存
常备库存	100 000 吨	5 万元	5 万元
所需资金	5 500 万元	2 750 万元	275 万元
累计资金	5 500 万元	3 025 万元	
节约资金		2 475 万元	

(二) 利用期货市场为库存进行保值

贸易公司利用期货工具对库存进行管理大致分两种类型：一种是对超额库存的管理，另一种是对常备库存的管理。

1. 超额库存是指贸易商在进货过程中产生的超出计划量的库存。对于贸易商来说，经常面临一次性进货、分批销售的情况，库存周期虽然很短，但是价格风险很大。此外，由于各种原因，贸易商有时候还会超量进货，因此这部分库存将面临较大的价格风险。在现货市场销售这部分超额库存往往需要较长的周期，期间还会面临价格下跌的风险，所以可以采用在期货市场卖出保值的方法对超额库存进行处理。

例 4-6 某动力煤贸易企业，正常情况下每周采购 100 000 吨动力煤，但是有一周集中到货 150 000 吨动力煤。在这种情况下，就需要对超额的 50 000 吨动力煤通过期货市场进行卖出保值，到销售的时候再平仓，这样不论价格涨跌，该企业的生产利润都不会受到大的影响。

2. 常备库存是指贸易商在经营过程中所持有的日常库存。在销售过程中，贸易商一般会持有一定量的现货库存，当销售速度较快、价格涨势较好时，库存面临的价格波动风险较小。而价格一旦下滑，销售速度就会变慢，库存就会面临贬值的风险。因此，当煤炭价格呈下降趋势时，企业可以通过在期货市场上对这部分常备库存进行卖出保值，达到有效规避库存贬值的风险。

例 4-7 某动力煤贸易企业，动力煤常备库存为 100 000 吨，由于动力煤价格的持续下滑，该企业销售速度受到严重影响，100 000 吨煤炭库存的抛售工作在短时间内很难完成，因此企业库存贬值风险较大。考虑到期货市场容量较大，于是该企业直接在期货市场上做卖出保值，之后每销售一批动力煤现货就在期货上做相应平仓，从而达到尽可能减少库存贬值风险、稳定销售利润的目的。

(三) 利用期货市场锁定经营利润

由于贸易企业的经营模式是通过"低买高卖"获得价差收益，因此如何保证每笔订单，尤其是关系到企业发展的大订单的利润不受价格波动影响，就成为贸易商关注的重点。对于国际贸易企业来说，从签订合同、装船离岸到运至国内港口一般需要1个月左右的时间，这期间动力煤价格的不利波动可能会使企业面临巨大的价格风险，所谓"洗船"现象也时有发生。因此，企业利用期货工具锁定经营利润也更重要。具体操作上，当企业所采购的动力煤装船离岸时，可采取在期货市场上对这批货物进行卖出保值，从而保证运输期间货物价值的平稳。对于内贸企业，当企业供货订单价格一旦确定，就会面临原料价格上涨带来的成本增加风险，此时可通过现货市场采购所需动力煤，这种方式往往会占用较大的资金，库存压力较大。所以，企业可在期货市场上进行买入保值，然后分批采购原料，每采购一批现货，在期货上做相应平仓，既缓解了资金压力，又锁定了订单利润。

例4-8 华南地区某煤炭贸易企业是我国南方一家规模较大的煤炭进出口公司，常年受电厂委托，从印尼、澳大利亚等国家进口动力煤，从中赚取利差。2011年以来，国际动力煤价格呈快速下跌走势，由于企业从采购装船到运输至国内往往需要1~2个月的时间，企业常常面临着刚从澳大利亚采购一船动力煤，船还没到岸就出现亏损的情况，因此企业近年来不断缩小贸易规模，外贸业务几乎处于停滞状态。动力煤期货上市以后，由于国内外动力煤价格的相关性非常高，因此企业开始尝试利用动力煤期货对其进口的动力煤进行套期保值。2014年2月12日，该企业在澳大利亚纽卡斯尔港口采购30 000吨动力煤，采购价格为75美元/吨，装船结束离岸时，企业为防范运输期间动力煤价格的下跌，通过郑州商品交易所对这批货物进行卖出套保，开仓价格为528元/吨。3月14日，该批货物到达我国南方港口，此时澳大利亚同品质动力煤价格降至73美元/吨，动力煤期货1405合约跌至515元/吨，于是该企业将期货套保头寸平仓，并将货转交给电厂，完成交易。具体结果如表4-2所示。

表4-2　　　　　某国际贸易企业套期保值过程表

日期	现货市场	期货市场	汇率	基差
2014年2月12日	以75美元/吨买入30 000吨动力煤	以528元/吨卖出150手动力煤1405合约	6.1078	70元/吨

续表

日期	现货市场	期货市场	汇率	基差
2014年3月14日	澳洲同品质动力煤跌至73美元/吨	以515元/吨买入平仓150手动力煤1405合约	6.1346	67元/吨
盈亏	亏损2美元/吨	盈利13元/吨		缩小3元/吨
套保结果	相当于在2014年3月14日以低于澳洲3元/吨的价格采购了动力煤，结果良好			

五、下游消费企业参与动力煤期货有哪几种方式？

下游消费企业主要是指以动力煤为原料进行生产的企业，这类企业需要根据生产情况定期采购动力煤，如果动力煤价格上涨，那么企业的生产成本也随之上升，利润空间缩小。此外，由于下游消费企业一般会保持一定量的动力煤库存，从而保证生产经营的正常运转，如果动力煤价格出现快速下滑，企业的煤炭库存也会出现贬值的风险。因此，下游企业在利用动力煤期货的过程中，会根据企业生产经营及动力煤市场情况决定操作策略，既有买入保值的方式，也有卖出保值的策略。

（一）通过买入保值锁定原料成本和经营利润

根据动力煤下游消费企业的产品类型和经营特点，买入保值主要有两种模式：一种是电力企业这种上游原料价格市场化波动，而电力产品价格基本稳定的模式，可视为单方向敞口模式。另一种是上游动力煤原料价格和产品价格均为市场化波动的模式，如建材、冶金等行业，即双方向敞口模式。对于电力企业的经营模式来说，原料动力煤的价格波动是企业利润变化的主要因素，因此，当煤炭价格出现上涨趋势时，通过测算企业的生产成本，利用期货市场的套期保值功能锁定原料采购的价格，就能够有效锁定企业的经营利润，为企业的生产经营创造良好的环境。对于其他类型的下游消费企业来说，其产品的波动方向一般与动力煤的价格波动方向一致，但价格波动的幅度却有所不同，因此，企业可根据期现货市场运行情况采取买入保值的方式锁定原料价格，或通过期货市场买入原料、卖出产品的方式实现套利交易，锁定经营利润。

例 4-9 华东地区某水泥厂是一家拥有近 30 年发展史的大型民营企业，年生产能力 2 000 万吨，年耗动力煤约 800 万吨，动力煤成本约占水泥生产成本的 30% 以上，是该企业最重要的生产原料。近年来，由于煤炭价格波动剧烈，而水泥价格表现相对平稳，对企业的经营利润造成很大影响。动力煤期货上市以后，企业开始考虑通过利用动力煤期货的套期保值功能为企业发展创造稳定的经营环境。2013 年 11 月 11 日，秦皇岛港 5 500 大卡动力煤价格报为 555 元/吨，受冬储因素影响及大秦铁路检修期的临近，动力煤下游需求出现好转迹象。此时，企业根据自身对于动力煤的消耗情况，以 553 元/吨的价格在动力煤期货 1401 合约买入 10 万吨动力煤进行套期保值。12 月底，煤炭价格果然出现快速上涨，秦皇岛港 5 500 大卡动力煤平仓价报 595 元/吨，此时企业买入 10 万吨现货动力煤，并同时将期货以 595 元/吨的价格平仓出局。套保盈亏情况如表 4-3 所示。

表 4-3　　　　　　　某水泥厂买入保值过程表

时间	现货市场	期货市场
2013 年 11 月 11 日	动力煤价格 555 元/吨	买入 500 手动力煤 1401 期货合约，价格 553 元/吨
2013 年 12 月底	买入 10 万吨动力煤，价格 595 元/吨	卖出 500 手动力煤 1401 期货合约平仓，价格 595 元/吨
保值效果	12 月底比 11 月买入价高出了 40 元/吨，采购成本增加 400 万元	期货市场单价盈利 42 元/吨，总盈利 420 万元
评价	该企业通过在期货市场买入套期保值，在期货市场盈利 420 万元，有效弥补了现货市场采购动力煤增加的 400 万元的成本	

(二) 通过期货工具动态管理库存

下游消费企业在生产经营过程中，为了保证日常经营的正常运行，一般会保持一定水平的煤炭库存。随着市场环境和供需结构的不断变化，下游消费企业也会对煤炭库存的规模进行动态调整。但是，在实际运作过程中，企业对于煤炭库存的动态调整往往会受到市场环境和下游需求等因素的限制。当煤炭价格处于下行趋势时，企业的库存价值也面临缩水的风险，但由于此时市场需求不足，企业通过加大销售来降低库存的效果会非常有限，因此可通过在期货市场卖出套期保值操作，达到快速调节库存、规避价格波动风险的目的。反之，当煤炭价格处于上行趋势时，企业面临着原料价格上涨而造成的生产成本增加的风险，但由于市场供给小于需求，通过在现货市场大量采购煤炭增加库存的效果会很有限，此时企业可通过期货市场的买入套期保值操作，达到用虚拟库存动态调整现货库存的目的。

例 4-10 河北地区某小型火电企业，总装机容量 30 万千瓦，原料用煤主要从山西、河北等地采购，日常库存量约 2 万吨。在近几年的生产经营中，由于上网电价由政府指导定价，价格走势基本平稳，而原料动力煤的定价采取市场定价，价格波动剧烈，因此，企业的经营利润与动力煤的价格走势呈现明显的负相关关系。此外，由于企业规模较小，市场话语权不够，其在产业链中较为被动。在用电旺季时，由于日耗煤数量急剧增加，企业煤炭库存会快速下降，由于不能及时通过市场采购补充库存，该电厂库存煤炭可用天数常常会触及 5 日红线。当处于用电淡季时，企业煤炭库存又会快速攀升，不仅占用大量资金，而且还面临着库存价值缩水风险。动力煤期货上市以后，该企业开始探索利用期货工具动态管理煤炭库存。2014 年 11 月底，随着冬季用电高峰的来临，电力行业日耗煤量开始增加，该电力企业煤炭库存快速跌至 1 万吨附近。由于煤炭销售较为顺畅，该企业及时通过市场采购煤炭快速补充库存的难度较大，因此，该电厂决定在 1401 合约上建立 1 万吨的买入头寸，使得期货市场的虚拟库存和企业真实库存达到 2 万吨正常水平。此后，随着煤炭市场采购的不断推进，企业逐步将相应的期货头寸平仓，使企业库存水平始终保持在 2 万吨附近，达到了动态调整库存的目的。

（三）通过期货市场提高资金使用效率

下游消费企业，尤其是中小型的消费企业在生产经营过程中，原料的采购一般是与煤炭企业采取现款现结或预付款订货的方式。对于第一种方式，由于下游企业尤其是动力煤企业对动力煤原料的需求量较大，资金占用量也相对较多，企业在经营中所面临的资金压力较大。因此，企业可以利用期货市场保证金交易的特点，用较小的资金（一般低于10%）锁定原料动力煤的采购，从而达到提高资金使用效率的目的。对于第二种方式，由于动力煤价格的波动较为剧烈，当煤炭价格的波动超出企业的承受能力时，往往会发生违约的风险。因此，企业利用期货市场进行套期保值时，不仅能够提高资金的使用效率，而且还能有效规避违约风险。

六、煤炭企业如何运用动力煤期货开展库存管理？

库存管理是企业生产经营过程中一项非常重要的工作任务，库存的管理水平是决定企业经营管理状况的一个重要因素。但是，在实际运作中，高效的库存管理一般难度较大。库存过大，企业面临的风险就会相应增加；而库存太少，又难以满足生产经营的实际需求。目前，企业对库存进行管理的方式主要有三种：纯现货库存管理、期现结合型库存管理、期现套利型库存管理，后两种方式是企业在利用期货工具进行库存管理方面的有益尝试。

（一）纯现货库存管理

纯现货库存管理与期货市场关系不大，主要指企业通过销售与采购来主动调节库存的净头寸，以达到对库存的日常管理目的。但是，这种库存管理模式有时并不能达到预期的效果，甚至常常会带来运输、仓储和资金等方面的问题。例如，有时下游客户急需购货，而企业却难以在短时间内补足库存，使得企业的库存不能很好满足生产经营的需要，一旦商品价格短期出现上涨，可能使企业面临较大的风险。当下游需求不旺时，往往会影响企业原来的出货计划，库存水平高于企业正常的经营计划，而价格的下跌也为企业带来额外的价格风险。

例 4-11 山西某煤炭生产企业，年产动力煤 1 000 万吨，主要销售对象为当地电厂和环渤海各主要港口的贸易企业，在正常的生产销售情况下，该企业日常库存维持在 30 万吨左右。当煤炭市场转暖时，由于市场销售顺畅，煤炭库存减少较快，企业往往会通过满负荷生产回补库存和提高市场销售量增加企业利润，但由于生产能力限制，企业一般很少能够及时补足库存并获得超额利润。当煤炭市场处于萧条期时，由于市场销售不畅，煤炭价格不理想，企业往往会通过尽可能降低产量的方式减少销售压力，即使如此，煤炭库存也往往会快速升高，经营压力较大。因此，从实际经营中可以看出，通过调整现货的产销量来动态调整企业库存的方式并不能很好地实现（见图 4-12）。

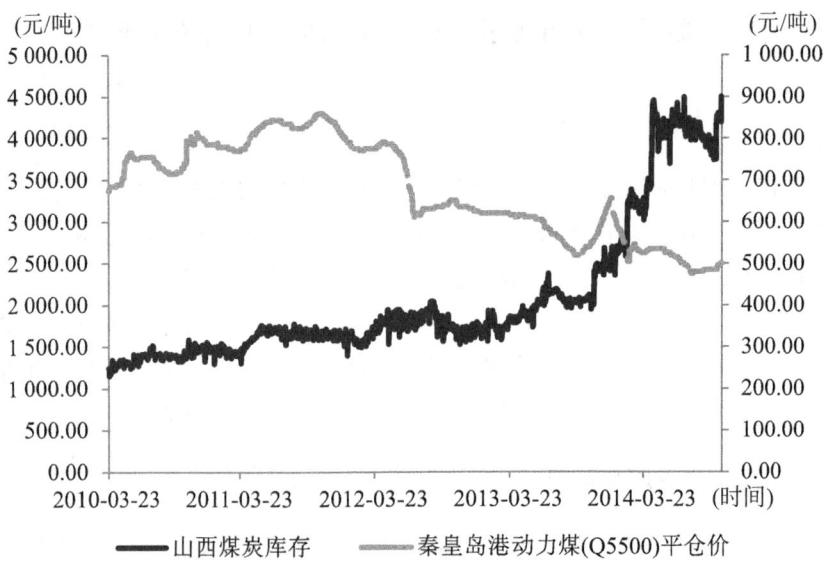

图 4-12 山西煤炭库存与煤炭价格对比图

（二）期现结合型库存管理

期现结合库存管理主要是指企业利用期货工具对库存进行日常管理，通过随时调整期货持仓头寸的方式调整企业的总持仓，最终达到动态调整库存的目的。简单地讲，就是企业根据自身的经营实际，在某一段时间内确定一个库存水平，一旦库存净头寸出现变化，则可以通过期货市场进行库存管理，避免现货买卖带来的运输、仓储和交易占用资金量大等问题，达到对"多余"或"不足"的库存进行快速处理的目的。

例 4-12 某煤炭企业的日常库存目标为 50 000 吨动力煤，而企业现有库存为 60 000 吨，销售部门已经与下游客户签订了 20 000 吨的销售合同，则企业的库存净头寸降为 40 000 吨，低于企业的正常库存目标。此时，企业可通过期货市场买入 10 000 吨相应月份的动力煤期货，从而动态回补现货的库存。假如下游企业需求疲软，销售部门只销售出了 5 000 吨动力煤，那么企业的实际库存就变为 55 000 吨，企业需要面临"额外" 5 000 吨库存所带来的价格风险，则企业可以通过期货市场卖出这部分"额外库存"，将企业库存维持在 50 000 吨的水平。采取这种操作方式，企业不仅可以有效避免现货交易占用资金量大、运输费用较高和出入库程序繁琐等问题，而且还可以继续执行原来的经营计划，无须临时改变，也有助于企业的有序经营。

（三）期现套利型库存管理

期现套利型库存管理主要是指企业结合动力煤期现货价格的差异，根据实际的生产经营需要，通过对比在期现货市场建仓的成本，动态灵活地开展库存管理，此种方式类似于期现套利的交易。一般来讲，由于期货市场具有较强的金融属性，期货价格对于宏观经济环境的变动常常较现货市场更为敏感，期货价格的波动也常常较现货价格更为剧烈。因此，期货价格与现货价格不一致或期现货价格升贴水不合理的情况经常出现，此时企业可以结合自身的套期保值需要与期现市场的升贴水情况进行类似于期现套利的动态库存管理。

例 4-13 某动力煤贸易企业根据经营实际，需要回补 10 000 吨的煤炭库存,而这时期货市场的价格较现货市场低很多,那么企业可以优先选择通过期货市场进行库存回补,而期货价格对现货价格的贴水将成为企业的"额外收益"。相反,如果企业的库存水平较计划高出 10 000 吨,而此时现货价格较期货价格低,则企业可以优先选择在期货市场进行卖出交易,从而"减少"这部分库存,而现货价格的升水则成为企业的"额外利润"(见表 4-4)。

表 4-4　　　　　　　　　　套利交易成本测算

期货成本	标准	备注
交易费	0.05 元/吨	交易所收取标准 8 元/手
仓储费	0.05 元/吨/天	
资金成本	包括现货和期货资金占用,费率按市场标准	
交割成本	2 元/吨	交易所收取标准 1 元/天
检验费	2 元/吨	衡器计重

此外,由于动力煤的品质较不稳定,煤堆在与空气、水分进行接触时,往往会发生氧化反应并释放热量,从而导致动力煤的灰分升高、发热量下降等现象,严重时甚至会发生自燃,给企业的生产经营带来较大风险。而企业利用期货市场对现有库存进行动态的管理,不仅可以在不影响原来销售或者进货计划的背景下,达到科学、高效管理常备库存的目的,而且还可以有效规避由于动力煤品质的下滑给企业库存带来的价值缩水风险,从而为企业的正常经营提供更多便利。而以库存净头寸为管理目标的操作方式,还具有操作简单、效果明显的特点,对企业的经营和管理,及对提高企业销售、采购等部门的工作效率都有很大的好处。

七、贸易商如何利用期货市场进行融资?

随着全球经济一体化的不断深入及国际大宗商品贸易形式的不断变化,

银行内传统的进出口贸易融资方式已经落后于企业对融资方式多元化的需求,在这种情况下,部分国际性商业银行在贸易融资方面进行了有益的创新。其中,以铜、铝、黄金、原油等标准化程度高、流动性好、现货交易活跃的期货品种为基础,开发出的结构性商品贸易融资业务就是一项重要的成果。简单地说,结构商品贸易融资是指采购商或者销售商以其未来或者已持有的商品权利为抵(质)押,向银行申请短期融资的业务。目前,我国生产贸易企业运用最为广泛的结构性融资方式主要为仓单融资,其基本操作流程是由生产贸易企业、银行和物流企业/仓库达成三方质押协议,生产贸易企业把质押货物寄存在物流公司的仓库中,然后凭借物流公司开具的仓单向银行申请贷款融资,银行根据质押货物的价值向生产企业提供一定比例的贷款。随着贷款的偿还,货权和货物将返还给贷款企业,如果贷款最终未能得到偿还,银行将转售货物以清偿贷款,在某种意义上,仓单融资可以认为是货物抵押融资。

期货品种上市以后,市场根据实际需要,在仓单融资的基础上创新了融资模式,形成了以标准仓单为主的融资模式。标准仓单是由期货交易所统一制定的,由交易所指定交割仓库在完成入库商品验收、确认合格后签发给货主的实物提货凭证,是物权凭证。标准仓单在商品质量、产地、等级、生产日期、标识等方面内容十分明确,在经过交易所注册后生效,可用于交割、转让、提货、质押等。相比一般的仓单,期货标准仓单具有诸多优点:第一,交割仓库受交易所监管,规范性、信誉度和影响力相对比较高,其开具的标准仓单在各类现货仓单中信用等级较高;第二,标准仓单具有很好的流动性,作为质权人的金融机构可以比较容易地将其变现,实现质押权利;第三,随着交易所交割仓库网络的拓展和延伸,物流企业和金融企业有更多的机会从事风险较低的、基于标准仓单质押融资的物流金融业务;第四,通过综合配套措施,可将期货交割业务与结构性贸易融资有机结合起来,既可以拓展融资业务的渠道,又可以降低交割风险,从而形成金融机构、物流企业、生产企业、贸易企业和期货交易所多方共赢的局面。

例 4-14 天津地区某贸易企业,年贸易量在 300 万吨左右,常年从事动力煤、焦煤、焦炭等能源类商品的贸易活动。在日常的生产经营中,由于企业规模较小、筹资渠道有限,常常会面临流动资金不足的现象。企业曾多次尝试利用库存货物进行抵押融资或通过与物流公司合作进行仓单质押的方式向银行贷款,但常常面临融资成本较高、货物价值估值较低、贷款流程复杂等问题。随着焦炭期货、动力煤期货等相关品种的陆续上市,企业开始尝试利用期货标准仓单进行融资的交易方式。2013 年 7 月,企业利用库存的 10 000 吨焦炭分别采用仓单质押融资和标准仓单质押融资方式向国内某商业银行申请贷款,具体流程见图 4 – 13。

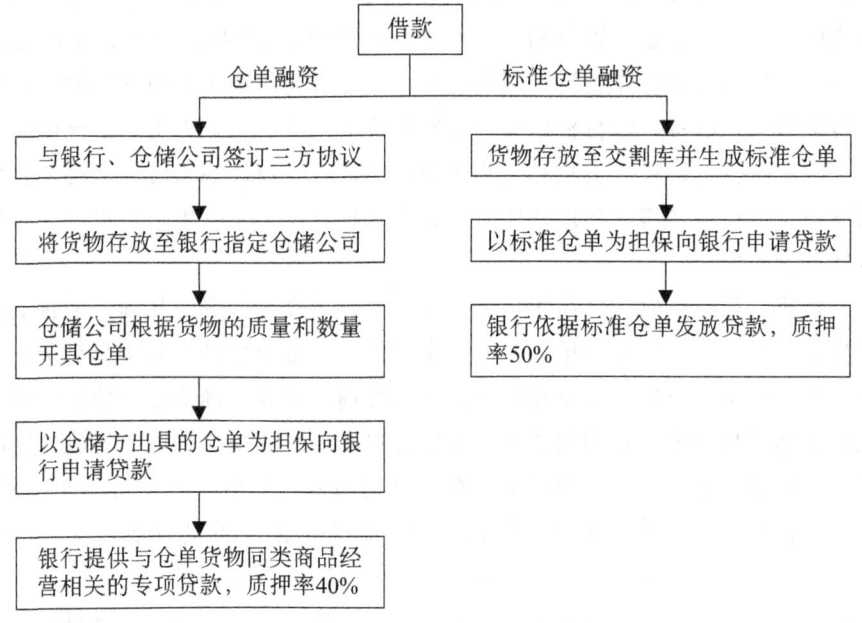

图 4 – 13　仓单质押流程图

相对于货物抵押融资或仓单质押融资,采用标准仓单的方式进行融资有如下几种好处:一是期货标准仓单对应的货物质量标准相对统一,且交割仓库由交易所直接监管,开具的标准仓单相对权威。二是由于期货交割仓库遍布在港口地区,企业入库开具标准仓单相对更为便利。三是由于标准仓单更容易转让和交割,其流动性相对较强。基于以上优点,银行对于标准仓单的质押率一般会比其他质押融资方式更高,质押融资的模式也会更加灵活,操作更加简单。

第四章 煤炭企业如何利用动力煤期货 93

 八、什么是点价交易?

(一) 点价交易的概念

点价交易是指交易双方以期货市场的实时交易行情为参照,以当月或未来某个月份的期货成交价格为基准,加上或减去交易双方事先协商确定的升贴水作为双方签订购销合同价格的贸易方式,即买卖双方协商好升贴水水平、确认点好的价格和数量后,即可按照一般贸易条款签订原材料购销合同。简言之,点价交易就是期货价格(点价的对象,变动的)+升贴水(固定的)的贸易方式。其中,升贴水是指现货交易价格与期货价格的差,现货价格高于期货价格称为现货升水或期货贴水,反之称为现货贴水或期货升水。根据点价权利的归属不同,点价交易又分为买方点价交易和卖方点价交易,如果确定交易时间的权利属于买方称为买方点价交易;反之则为卖方点价交易。由于期货市场的价格波动较为剧烈,采取点价交易的方式进行定价,使企业可以更加灵活地选择满意的价格,从而更好地对冲市场风险,锁定产品利润,提高企业核心竞争力,达到最大限度地拓展市场的目的。

(二) 点价交易的优势

点价模式其实是企业期货套期保值业务的延伸,生产企业和贸易商可以基于市场化程度最高的期货价格来确定最终的结算价格,并且有效地绕开期货交易中的交割,从而有效节约了交割成本。对于生产企业来说,一方面,点价模式有效稳定了销售价格,锁定了经营利润;另一方面,企业虽然将定价权转让给市场,但仍能基于现货市场和自身情况,通过确定升贴水来保证自身的利益。

对于贸易商来说,点价模式一方面可以改变以前被动接受煤炭企业报价的局面,具有一定的自主性,可以利用期货市场的波动机会,在有利于自己的时点进行点价交易,从而降低采购成本;另一方面,同样可以通过与下游消费企业进行二次点价交易,让自己处于点价模式的中间位置,通过点价交易锁定贸易的利润,规避价格波动的风险。

  九、动力煤贸易中如何进行点价交易?

与传统的贸易方式不同,在点价交易中,贸易双方并非直接确定商品的交易价格,而是以约定的某月份期货价格为基准,在此基础上加减一个升贴水来确定。点价交易从本质上看是一种为现货贸易定价的方式,交易双方并不需要参与期货交易,这种贸易方式在国际大宗商品贸易中,已经普遍应用,升贴水的确定也常常采取市场化运作,贸易模式基本成熟。

例 4-15 国内某动力煤生产企业,年产动力煤 300 万吨,每吨商品动力煤的生产成本在 320 元/吨附近,运至秦皇岛港的运输成本为 210 元/吨,即企业在秦皇岛港的综合成本为 530 元/吨左右。2013 年 12 月 2 日,秦皇岛港动力煤价格上涨至 580 元/吨,动力煤期货 TC1405 合约上涨至 590 元/吨,企业为锁定生产利润,决定在期货市场开展卖出套期保值交易,卖出建仓价格为 590 元/吨。12 月 16 日,应下游某电厂要求,该企业与电厂开展点价交易,交易参考合约为 TC1405,约定现货结算价格为期货价格 -10 元/吨,点价期为 1 个月,交货地点为秦皇岛港,买方具有点价权。12 月 31 日,下游电厂根据成本估算和经营需要,决定以当日结算价为基准进行点价结算,当日 TC1405 结算价为 565 元/吨,因此现货交易的结算价为 555 元/吨。该煤炭企业当日将所持套保持仓平仓,综合计算,销售价格为 580 元/吨,最终获利 50 元/吨。具体操作过程见表 4-5。

表 4-5　　　　　　　某煤炭企业套期保值过程表

日期	煤炭企业	下游企业	期货主力合约
2013 年 12 月 2 日	企业生产的动力煤运至港口的综合成本为 530 元/吨。企业在期货市场上卖出保值，锁定 60 元/吨的利润		TC1405 合约价格为 590 元/吨
2013 年 12 月 16 日	企业与下游电厂进行点价销售，销售价格为期货价格 -10 元/吨的贴水，点价期为 1 个月	可在未来一个月进行点价确定结算价	TC1405 合约价格为 575 元/吨
2013 年 12 月 31 日	平掉期货头寸，销售动力煤并进行结算。实际卖出价格为 580 元/吨（期货盈利 25 元/吨 + 现货结算价 555 元/吨），获利 50 元/吨	下游企业最终的采购价格为 555 元/吨（565 - 10）	TC1405 合约价格为 565 元/吨

十、煤炭企业如何制订适合自己的套期保值方案？

随着套期保值理论的不断发展和完善，企业在利用期货市场进行风险管理方面进行了积极的尝试，并取得了一定成效，目前已基本形成了比较成熟的操作模式和业务流程。其中，套期保值方案的制订是企业开展套期保值业务中最核心的环节。从市场实践来看，套期保值方案的制订流程包括以下步骤。

（一）风险敞口分析和套保策略选定

套期保值的目的是为了规避企业经营中所面临的价格风险，因此，企业在开展套期保值交易的过程中，首先要对自身的主营业务、经营模式和在产业链中的位置进行分析，确定企业在经营过程中由于产品或者原料价格波动而面临的风险，一般包括双向敞口风险、上游敞口风险、下游敞口风险三类。

对于加工企业和贸易企业来说，其主要风险来自两个方面，一方面担心原料价格上涨造成加工成本或采购成本的提高，另一方面又担心由于产品价格的下降而造成加工利润或库存价值的缩水，属于双向敞口风险企业。这类企业可根据经营实际，选择风险较大的一方开展套期保值交易。例如企业已经与上游签订了原料采购合同，则产品价格下跌对企业的影响会更大，因此企业应对产品进行卖出套期保值。

对于上游生产企业来说，其主要风险是产品价格下跌带来的利润缩减风险，若产品暂时未销售或已经销售但未确定价格，则当发生产品价格下跌时，将会面临一定的经营风险，因此属于下游敞口风险。这类企业一般应对产品采取卖出套期保值的策略，锁定产品的利润。但是，当期货价格远远低于现货价格时，企业也可以采取买入期货合约的方式，增加虚拟产量，从而保证下游市场的供货需求。

对于下游消费企业来说，其主要风险表现在原料价格的上涨，尤其是企业在已经签订了生产或销售合同后，企业采购成本的大幅上涨将会影响企业的经营利润，可以视为上游敞口风险。这类企业一般应对上游原料进行买入套保，从而锁定企业的原料采购成本。当然，企业也可以根据市场的变化和期现货价格的对比，采取卖出套期保值的操作策略，对库存原料进行保值。

因此，企业应该根据自身的经营情况和对市场未来价格的判断，制定相应的套期保值策略。简单来说，如果预期原料价格将大幅上涨，为锁定成本，生产企业可以买入远期合约以锁定成本；如果企业产成品库存较高，而产品价格面临下跌风险，则可以根据产品和原料之间相应的价格比例进行卖出套保以锁定利润。

（二）选择套保工具和确定套保数量

企业在分析确定好自身的敞口风险和采取的套期保值策略之后，应该根据市场的实际运行情况和套保需要，确定套期保值的工具和拟开展套期保值的规模。实际操作过程中，由于国内期货市场并不是每个合约都活跃，近月合约或与企业现货对应的期货合约往往是非主力合约，流动性相对较差。因此，企业应根据自身经营的特点和需要，选择在期货主力合约和次主力合约上进行套期保值交易。此外，由于期货价格和现货价格的波动幅度不同，再加上企业现金能力方面的考虑，一般不会对所有现货头寸进行套期保值，因此企业除了需要根据组合投资理论确定最佳套期保值比率外，还可以根据现货经营情况、市场预期、风险承受情况来考虑套期保值的数量。

（三）计算套保成本利润和确定套保区间

企业在确定好套期保值的工具和拟参与的套期保值的数量以后，要结合企业的生产经营情况和期货市场的价格走势，初步测算开展套期保值的成本、利润，从而确定介入套期保值的价格区间。对于卖出保值企业来说，套期保值价格区间的确定主要是计算并比较期货价格与套保成本、预期收益的价差，从而锁定现货经营利润。套期保值的成本可简单表述为：套保成本＝现货成本＋持仓交割成本＋资金占用成本＋预期利润。当期货市场价格高于套保成本时，企业进行卖出保值就锁定了企业利润。

对于买入保值企业来说，其开展套期保值的目的一般是为了规避采购过程中原料价格上涨带来的风险，因此，企业可根据订单的利润，通过对比期货价格和套保成本之间的价差关系，确定套保区间，即：套保成本＝原料采购成本价＋经营利润＋持仓成本。由于订单利润确定，即可计算出原料采购成本价，企业可以在该价格下方建立买入套保头寸，从而锁定企业利润。

（四）确定开仓价格和动态调整仓位

在开展套期保值业务的过程中，期货头寸开仓价位的选择，即期货市场入场点位的选择是一项关系到套期保值目标能否有效实现，而且技术含量相对较高的工作。一般来讲，套期保值业务开仓价位的选择要考虑期现货市场价格走势、期货技术形态和基差变化等因素。对于买入套期保值者，应该选择期货价格为中长期上涨趋势，或期价经过一段时间的下跌而呈企稳盘整格局时，充分参考基差的历史走势，在历史基差水平之下，相对基差较大时建仓为宜；对于卖出套期保值者，则应该选择期货价格为中长期下跌趋势，或期价经过一段时间的上涨而呈企稳盘整格局时，在历史基差水平下，相对基差较小时建仓为宜。建仓过程中，套期保值者应选择灵活的建仓策略，并根据期货价格的走势和现货头寸的变化动态调整期货头寸，建仓的方式一般以倒"金字塔"的方式为宜。

（五）确定套期保值的了结方式

套期保值过程中，期货市场的持仓应该与现货市场的头寸保持对应的关系。当现货市场出现销售或采购的活动，应该对期货市场的持仓进行相应的调整，从而减少风险敞口。在套期保值的实际运作中，一般有两种了结方式：平仓了结和实物交割。其中，平仓了结的方式占主要地位，即在现货销售逐步完成后，对卖出保值进行买入平仓，或在原料采购逐步完成后，对买入保值进行卖出平仓。实物交割在套期保值操作中所占的比重一般较小，这主要是因为平仓了结方式费用较低，操作更加灵活，而实物交割需要运输费、检验费、入库费等相关费用，操作流程相对较为繁琐。

（六）正确评估套期保值效果（见图 4-14）

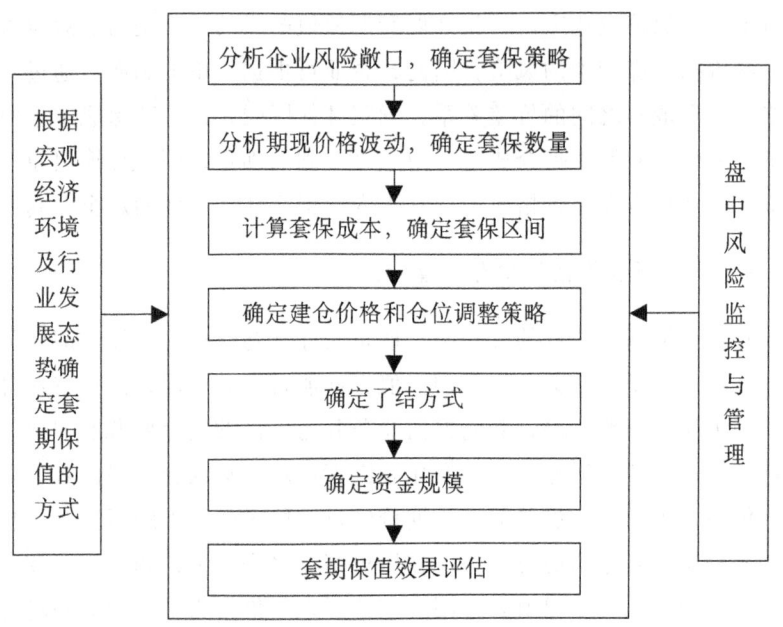

图 4-14　企业套期保值方案制订流程

套期保值的根本目的是通过期货工具规避经营过程中面临的价格波动风险，从而锁定企业在一定时期的经营成本或盈利，而不是从单边市场获得价格波动的收益。因此，评价套期保值效果的有效性，要选择适合自身的评价方法，看套期保值的结果是否达到了预定目标。同时，对套期保值效果的评价还要从一个较长时期的表现来看待，不能由于一个特定时期的结果而草率否定既定的套期保值方案。

十一、煤炭企业如何确定套期保值的操作策略？

煤炭企业参与套期保值的目的是为了规避现货经营中价格波动产生的风险，因此企业在参与套期保值过程中，应严格按照套期保值的基本要求，根据企业的生产经营实际，结合期货市场的走势变化，制定切合实际的套期保值策略。企业确定套期保值的操作策略一般应包括如下步骤。

（一）明确套期保值需求

企业参与期货交易的角色是由本企业在产业链中的位置和生产经营中的风险敞口决定的，不同类型的企业所面临的风险不同，其所希望达到的套期保值要求也不尽相同。比如，动力煤生产企业最担心的是煤炭价格的持续下跌，因此就需要通过期货市场进行卖出套期保值，达到锁定销售价格的目的；而下游电力企业主要以动力煤作为原料，最担心的是动力煤价格的上涨所造成的原料成本的大幅增加，因此就需要通过买入套期保值的方式锁定原料采购成本；中间贸易企业在生产经营中，不仅要面临动力煤价格上涨而造成的采购成本增加风险，而且还要面临动力煤价格下跌而造成的库存贬值和销售利润缩水风险，因此需要根据实际的经营情况来确定具体的操作策略。因此，企业运用期货工具进行套期保值一定要跟自己的生产经营方式以及规模相适应，了解企业自身的敞口风险，确定企业参与套期保值的真实需求。

(二) 制定套期保值策略

在根据企业的生产经营实际明确了套期保值的实际需求后，企业一般需要制定具有针对性的套期保值操作策略。一般来讲，套期保值的操作策略至少应该包括操作方式、时机选择和点位选择三个方面的内容。从其他成功开展套期保值业务的实践案例来看，一个完善的套期保值策略应该首先从宏观角度来确定套期保值的操作方式，然后从产业的角度来判断套期保值的时机，最后从基差的角度来选择套期保值的入场点和出场点。

1. 从宏观角度来确定套期保值的操作策略。煤炭企业在进行套期保值的时候，应该首先根据宏观经济环境和行业的运行情况，判断此时煤炭行业的市场格局，是牛市还是熊市。一般来讲，不同的市场格局，所进行的套期保值的策略也不尽相同，若遇到市场趋势为熊市的时候，生产企业在期货市场卖出保值要相对积极一点，反之则要保守一点。

例 4 – 16 2008 年初，随着全球金融危机的持续发酵和全面爆发，全球能源市场上出现极端行情，国内外煤炭市场价格快速下跌。秦皇岛港山西产 5 500 大卡动力煤报价从年初的 1 000 元/吨，快速下跌至年中的 540 元/吨，跌幅近 50%。在这种全球系统性风险爆发的背景下，煤炭价格大幅下跌的可能性相对较大，因此煤炭生产企业的卖出套保要积极一点，而下游电厂的买入套保应谨慎一点。2008 年底，我国政府为应对金融危机造成的影响，推出了 4 万亿元的刺激政策。秦皇岛港山西产 5 500 大卡动力煤报价又从年底的 550 元/吨，上涨至 2009 年中的 800 元/吨。在这种背景下，煤炭价格大幅反弹的概率要远远大于煤炭价格下跌的概率，因此对于生产企业来说，卖出套保应相对谨慎，而下游电厂的买入套保应该积极一些。

2. 从产业角度选择套期保值时机。生产企业开展套期保值活动，最主要的目的是锁定产品售价和生产利润，如果行业平均利润呈下滑态势，而行业产能过剩，产量处于高位运行，则产品价格持续下滑的可能性较大，此时进行卖出套期保值的时机相对较好，套保力度可以加大。此外，由于供求关系决定着市场的总体运行趋势，因此可从供需关系角度来判断企业的套期保值时机。当煤炭供给大于需求时，会表现出煤炭库存的不断高企，从而导致产品价格的下跌。此时，企业应该采取卖出套期保值的策略，反之则进行买入套期保值。

例 4-17 2012 年以来，受我国经济增速持续下滑、煤炭下游需求萎缩及煤炭产量稳步攀升等多重因素影响，我国煤炭行业产能过剩问题愈加突出，煤炭价格步入下行通道，煤炭行业的"黄金十年"宣告终结。数据显示，山西省煤炭库存自 2012 年初的 730 万吨左右，攀升至 2014 年初的 1 700 万吨，国有重点企业商品煤的综合平均售价则从 530 元/吨下跌至目前的 420 元/吨。随着经济转型的不断推进，我国经济增速将长期呈稳中有降的走势，再加上环保的要求及水电的挤出效应，煤炭行业产能过剩问题预计短期内难以得到有效扭转，因此煤炭价格的持续下行或弱势震荡将会成为常态。在这种背景下，煤炭生产企业所面临的利润减少风险将远大于下游电厂所面临的采购成本上涨风险。因此，对于煤炭企业来说，目前采取逢高卖出套保的方式比较合适（见图 4-15）。

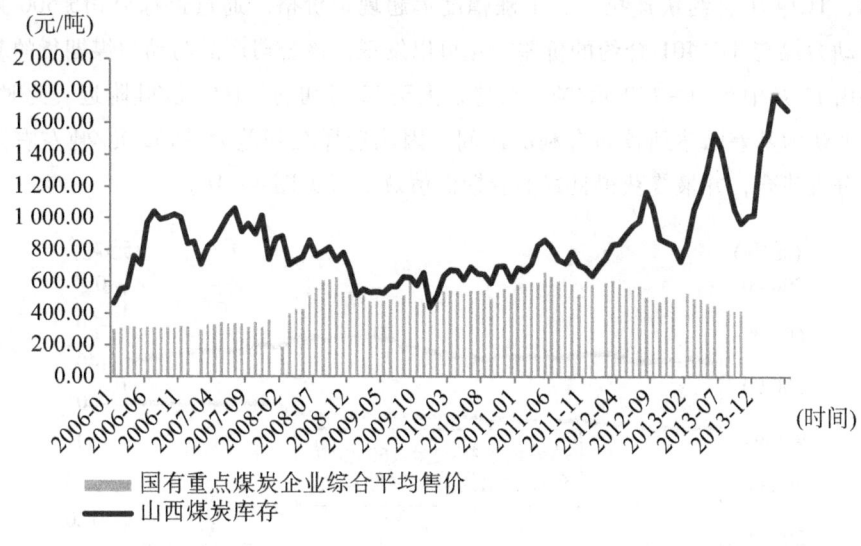

图 4-15 煤炭库存及煤炭价格对比图

3. 从基差角度选择入场点和离场点。一般情况下，由于期货价格与现货价格的影响因素不同，因此短时间内商品期货的价格变化与现货价格的变化并不一致。对于现货来说，其价格主要由市场供需关系决定，价格的变化较为缓慢，变化幅度较小。而期货价格由于具有商品与金融的双重属性，一方面受到现货价格的制约和影响,另一方面还受到金融市场的影响,因此期货价格的波动幅度和频率会远大于现货价格。所以,企业开展套期保值时还需要参考基差的变化情况,选择合适的入场点和离场点。即当期货价格高于现货价格,且价差较大时,生产企业可以采取卖出期货进行保值;反之,则不适合进行卖出套期保值开仓。

例 4 – 18 A 公司是山西大同地区某小型煤炭生产企业,公司产品主要为 5 500 大卡的优质动力煤。近年来,受下游市场需求疲弱不振影响,煤炭销售不畅,且回款难度加大。动力煤期货上市以后,企业开始考虑通过动力煤期货拓展销售渠道,规避经营风险。为保证能够在较为有利的点位建立卖出套期保值头寸,企业通过采取跟踪基差变化的方式来发现建仓机会。通过持续跟踪发现,动力煤期货上市以来公司产品与动力煤期货的基差基本在 – 100 ~ 140 元/吨的区间波动。2013 年 11 月中旬开始,受现货价格提价影响,TC1401 合约快速拉升,上涨幅度远超现货价格。通过追踪公司 5 500 大卡动力煤与 TC1401 合约的价差变化可以发现,该公司产品与动力煤期货的基差由 11 月中旬的 – 140 元/吨,快速扩大至 12 月初的 – 160 元/吨附近。此时,企业认为基差已达到较为有利的区间,因此选择在基差为 – 155 元/吨左右开始分批建仓,并最终获得良好的套期保值效果(见图 4 – 16)。

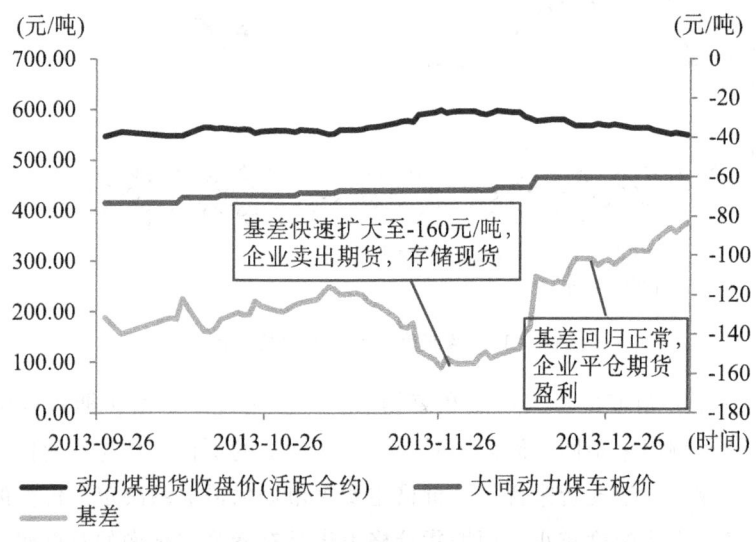

图 4 – 16 某企业基差型套保示意图

(三) 制定套期保值风险管理策略

企业根据自身的生产经营实际及期货市场的价格变化，在选择合适的入场点建立套期保值头寸后，并不意味着就可以高枕无忧了。由于期货价格相对于现货价格的变化更为剧烈和不确定，在我们建立好相应的套期保值头寸后，期现货市场的价格并不一定向我们预期的方向变化，因此，套期保值操作风险的管理预案也是套期保值操作策略的重要组成部分。一般来讲，套期保值风险管理策略应包括市场风险管理策略、基差风险管理策略和操作风险管理策略等内容。

1. 市场风险管理策略。套期保值操作市场风险是指当期货价格反向变动时将导致的期货账户出现浮亏所带来的风险。针对这种风险，企业一方面要留存足够的保证金，防范期货价格反向波动所造成的被动强制平仓风险，另一方面要根据现货市场的变化制订套期保值头寸减仓、平仓预案。根据动力煤期货的波动情况，一般应保留套期保值头寸所需资金的 1 倍作为风险准备金；当期货价格向套期保值头寸反方向波动 10% 时，企业应该结合现货价格的变化采取减仓或平仓的措施。

2. 基差风险管理策略。基差风险是指基差的不确定性变化所带来的套期保值风险。在实际运用中，由于期货价格和现货价格的变动不完全一致，基差的波动会影响套期保值的效果。针对这种风险，企业应安排专人实时监测基差的动态变化，当基差向有利于套期保值的方向变化时，企业可根据经营实际采取适量加仓的策略，反之则采取适量减仓或平仓的策略。

3. 操作风险管理策略。操作风险是指由于内部管理不当或交易人员疏忽大意而导致的下单失误、未按计划交易或违反套期保值交易规则等问题所引起的风险。针对这种风险，企业应采取交易员、确认员和风险控制人员相隔离的制度，通过对每日成交进行确认，建立严格的内控制度，达到有效防范操作风险的目的。

十二、煤炭企业如何确定套期保值的数量？

企业在开展套期保值的过程中，除了要根据自身的现金流量、风险承受能力及期货业务团队的素质等因素确定套期保值的规模和数量外，还要根据期货和现货市场的价格变化特点确定开展套期保值的比例，也就是所谓的最佳套期保值比率。最佳套期保值比率取决于套期保值的交易目的以及现货市场和期货市场价格的相关性，其计算模型有很多种。目前，国内使用最多的测算方法为传统套期保值比率和最小方差套期保值比率。

（一）传统套期保值比率

传统套期保值理论认为，套期保值就是企业通过期货市场把价格波动的风险转让给投机者，从而达到投机者获得风险补贴、套期保值者转移价格风险的目的。其前提是假定期货价格与现货价格的走势基本一致，并随着期货合约到期日的临近，期货价格将与现货价格趋同，为了达到规避风险的目的，套期保值者只需在期货交易中建立一个与现货交易方向相反、数量相等的交易部位，从而实现100%的套期保值。因此，传统套期保值理论认为，企业开展套期保值的最佳比率为1，即企业有多少的现货产品面临价格波动风险，就要在期货市场上对这部分现货进行套期保值交易。

（二）最小方差套期保值比率

最小方差法是假定现货与期货价格存在稳定关系，用方差来度量风险，然后以回归分析的方法寻找方差最小的最优套期比。具体计算过程如下：

假设某机构投资者要在将来时刻 t 出售数量为 Q_s 的动力煤现货，则可以在时刻 t 之前到期货市场上择机先出售数量为 Q_f 的动力煤期货合约，然后在完成动力煤现货的出售时，将先前的卖出套期保值持仓进行平仓。假定在套期保值之初动力煤现货与期货的价格分别为 S_0 和 F_0，而在 t 时刻动力煤现货和期货资产的价格分别为 S_t 和 F_t，由于 S_0 和 F_0 是套期保值入市建仓时动力煤现货和期货的价格，因此在套期保值期间 S_0 和 F_0 被认为是常数，而 S_t 和 F_t 则为随机变量。在不考虑交易费用的前提下，这一期间套期保值组合的损益为：

$$R_t = (S_t - S_0)Q_s - (F_t - F_0)Q_f = \Delta S_t \cdot Q_s - \Delta F_t \cdot Q_f$$

由上式右端，可知 R_t 也是一个随机变量。

如果预期收益用 R_t 的数学期望 $E(R_t)$ 来表示，那么在风险最小的情况下，就有：

$$Var(R_t) = Q_s^2 Var(\Delta S_t) + Q_f^2 Var(\Delta F_t) - 2Q_s Q_f Cov(\Delta S_t, \Delta F_t)$$

要使 $Var(R_t)$ 最小，Q_f 必须满足下列方程：

$$\frac{dVar(R_t)}{dQ_f} = 0$$

即：

$$\frac{dVar(R_t)}{dQ_f} = 2Q_f Var(\Delta F_t) - 2Q_s Cov(\Delta S_t, \Delta F_t) = 0$$

整理可得方差最小的套期保值量为：

$$Q_f = \frac{Cov(\Delta S_t, \Delta F_t)}{Var(\Delta F_t)}$$

若令 $h = \dfrac{Q_f}{Q_s}$，则可以得到最小方差套期保值比率为：

$$h^* = \frac{Cov(\Delta S_t, \Delta F_t)}{Var(\Delta F_t)}$$

其中，$Cov(\Delta S_t, \Delta F_t)$ 表示期货价格和现货价格的协方差。

一般而言，最小方差套期比率介于 0~1 之间。投资组合的最小方差套期比率理论是现代套期保值比率理论的起步和雏形，随着现代套期保值比率理论的迅速发展，套期保值比率理论正在从单一资产的套期保值向组合资产的套期保值转变，从静态套期保值向动态套期保值转变，从商品期货套期保值向金融衍生品套期保值转变。

例 4-19 2013 年 9 月 26 日，动力煤期货在郑州商品交易所上市。通过统计上市以来 270 个交易日的动力煤期货活跃合约的收盘价，及对应期间秦皇岛港 5 500 大卡山西产动力煤平仓价，两者之间的协方差 COVAR（动力煤期货,动力煤现货)为 448.6,动力煤期货活跃合约收盘价的方差 VAR(动力煤期货)为 601.75,由此可得,利用动力煤期货对秦皇岛港 5 500 大卡山西产动力煤的最佳套期保值比率为:COVAR(动力煤期货,动力煤现货)÷VAR(动力煤期货)×100% =75%。

 十三、如何看待套期保值操作中期货部位的盈亏?

动力煤期货上市以来,价格发现和套期保值功能发挥良好,对动力煤现货市场的价格走势起到了很好的预期效应,以煤炭生产企业、贸易企业和下游电力企业为代表的涉煤企业,在利用动力煤期货开展风险管理方面进行了积极的尝试,取得了一定成效,保值避险效果良好。但是,企业在开展套期保值交易的过程中,期货账户的盈亏情况时常会引起众多的关注和误解,因此如何看待套期保值账户的盈亏对于企业有效利用期货工具显得至关重要。

(一)卖出套期保值者账户的盈亏

采取卖出套期保值操作策略的机构客户一般都是为了保持现有库存价值的稳定,防范由于煤炭价格下跌而给企业带来的损失。如果严格按照卖出套期保值的操作策略,当其期货账户出现亏损时,意味着商品价格出现了一定幅度的上涨。那么,对于生产企业或存有较多煤炭库存的贸易企业来说,由于期货市场上的保值量一般会低于企业现货商品的数量,企业在现货市场的盈利会远远高于期货市场的亏损,而期货头寸亏损的幅度越大,则越有利于企业的现货生产经营。反之,当企业套期保值的期货账户出现盈利时,则意味着商品的价格出现了一定幅度的下跌,企业的经营利润会受到部分侵蚀,但期货账户的盈利会在一定程度上减少或弥补现货利润的亏损。

(二)买入套期保值者账户的盈亏

采取买入套期保值操作策略的机构客户一般都是为了锁定原料的采购价

格，防范由于煤炭价格上涨给企业带来的损失。如果严格按照买入套期保值的操作策略，当其期货账户出现亏损时，意味着商品价格出现了一定幅度的下跌。那么，对于下游消费企业或已经签订供货合同的贸易企业来说，由于期货市场上的保值量一般会低于企业拟采购的现货商品数量，企业在现货市场采购煤炭节省的资金会远远高于期货市场的亏损，而期货头寸亏损的幅度越大，越有利于企业的现货生产经营。反之，当企业套期保值的期货账户出现盈利时，则意味着商品的价格出现了一定幅度的上涨，企业在采购煤炭商品时会付出更多的资金，经营利润会受到部分侵蚀或导致亏损，但期货账户的盈利会在一定程度上减少或弥补现货利润的亏损。

十四、煤炭企业如何评价期货套期保值的效果？

企业进入期货市场进行套期保值的目标是锁定成本和利润，为企业的经营创造稳定的环境，其基本原理是在期、现两个市场开展方向相反、数量相等的交易，最终达到用一般市场的盈利来弥补另一个市场的亏损的目的。因此，在评估套期保值效果时，不能单纯从现货市场或者期货市场的盈亏去评估，而是要对两个市场进行综合评判。

（一）套期保值的影响因素分析

理想的套期保值是一种盈亏完全冲抵的情形，即期货市场的盈（亏）与现货市场的亏（盈）额度是完全相同的，可以用一个市场的盈利来弥补另一个市场的亏损，从而达到完全保值的目的。但是，在实际操作过程中，套期保值操作的效果在很多时候可能是不完全的套期保值或者是非理想的套期保值，期货市场和现货市场二者的盈亏只是在一定程度上相抵，并非完全冲抵，出现这种情况的最重要原因是现货市场和期货市场价格变动的幅度并不完全一致。因此我们常常引入基差（基差＝现货价格－期货价格）的概念来描述期货价格与现货价格波动幅度的不同，相对于现货价格或期货价格的波动幅度,基差的波动要小很多。因此,从本质上说,套期保值就是用较小的基差波动风险来代替较大的现货价格波动风险,实现对价格风险的管理。

(二)套期保值的效果评价

实际应用中,评价套期保值效果的方法主要有三种,分别是主要条款比较法、回归分析法和比率分析法等。

1. 主要条款比较法。主要条款比较法是指通过比较套期保值工具和被套期项目的主要条款,以确定套期保值是否有效的方法。如果套期保值工具和被套期保值项目的所有主要条款均能准确匹配,则可认定被套期保值项目所面临的风险能够被套期保值工具的价值或现金流量变动完全抵消,套期保值活动高度有效。套期保值工具和被套期保值项目的主要条款包括资产价值、到期期限、定价日期、商品数量、货币单位等。

例4-20 某动力煤生产企业对库存的50 000吨动力煤开展套期保值业务,该企业对于此次套期保值的期限要求是两个月,要求套期保值的数量为50 000吨,具体套期保值过程见表4-6。

表4-6　　　　　　　某动力煤企业套期保值效果评价

日期	现货库存	期货市场
2014年4月8日	企业现货价格480元/吨,企业库存价值2 400万元	企业建仓卖出250手TC1409合约,开仓价格540元/吨,价值2 700万元
2014年6月8日	企业现货价格450元/吨,企业库存价值2 250万元,贬值150万元	企业买入平仓250手TC1409合约,平仓价510元/吨,盈利150万元
结果	企业套期保值效果高度有效	

从以上套期保值开展的效果看,企业在利用期货工具对库存动力煤进行套期保值交易的过程中,套期保值工具(即动力煤期货)与被套期项目(即动力煤库存)的资产价值变化、套期保值期现、货币单位及套期保值的数量等各主要条款均能准确匹配,动力煤期货的盈利能够完全抵消动力煤现

货库存的价值缩水，因此该次套期保值活动高度有效。

2. 回归分析法。回归分析法是指通过对一定数量的历史数据进行观察和分析，利用数理统计的方法以套期保值工具（如动力煤期货）为因变量，以被套期项目（如动力煤库存）为自变量，建立套期保值工具和被套期项目之间的回归关系函数。通过分析套期工具和被套期项目价值变动之间是否具有高度的相关性，进而判断套期是否有效。在运用回归分析法对动力煤期货套期保值效果进行评价的过程中，自变量反映动力煤现货库存公允价值的变动或预计未来销售动力煤所获得的现金流量现值变动，因变量则反映动力煤期货公允价值的变动。利用回归分析方法对套期保值效果进行评价，适宜于那些在上市时间较长的期货品种上开展多期套期保值活动的企业。

3. 比率分析法。比率分析法，也称金额对冲法，是通过比较套期工具和被套期项目公允价值或现金流量的变动比率，以确定套期是否有效的方法。简单地讲，就是对比期货头寸价值的变动值与现货资产价值的变动值的比率。运用比率分析法，企业可以根据自身风险管理政策的特点，以单个期间变动数为基础进行比较，如果上述比率没有超过80%～125%的范围，可以认定套期是高度有效的。目前，比率分析法是市场上最常用的套期保值效果评价方法。

例 4-21 某企业为规避市场价格波动带来的经营风险，决定对所生产的商品进行套期保值，假设此次套期保值的周期为5个月，对于套期保值的效果按照月度评价来进行分析，评价方法采用比率分析法，则其财务指标变动及评价情况如表4-7所示。

表 4-7　　　　　某企业套保结果财务评价表

项目	5月16日	6月16日	7月16日	8月16日	9月交割日
当季套期工具公允价值变动	-100	-50	110	130	140
当季被套期项目预计未来现金流量现值变动	90	70	-110	-115	-140
当季套期有效程度	111%	71.4%	100%	88.46%	100%
评价	80%～125%	非高度有效	80%～125%	80%～125%	80%～125%

从表 4-7 中可见，该公司在开展为期 5 个月的套期保值交易活动中，只有 6 月份的套期工具公允价值变动与被套项目现金流量现值变动的比率未达到理想的要求，其余 5 个月的上述比率均在 80%~120% 之间，为有效套期保值。从这 5 个月的套期保值效果看，总体变动比率为 89%，套保效果有效。

十五、如何规避套期保值中的增值税风险？

（一）套期保值增值税风险

目前，期货交易价格是指含税价，不代表单纯的商品价格，其中有一部分是商品的税款，期货价格波动的同时，所含税款也在波动。因此，在期货市场进行套期保值虽可以通过锁定期现价差来稳定经营利润和成本，但增值税仍然存在一定的变数。此外，由于期货交易与实物交割存在时间差，即企业开仓建立套期保值头寸的价格与期货实物交割结算价并不一致，常常会导致预期增值税税额与实际增值税税额存在差异，从而造成套期保值过程中存在的增值税风险。

例 4-22 某电力企业以 550 元/吨的价格在现货市场买入 100 000 吨动力煤，同时以 580 元/吨的价格在期货市场持有空头合约 500 手（200 吨/手），计划合约到期时将货物在期货市场上交割。预期盈利如下：预期买卖盈亏 =（580-550）× 100 000 = 3 000 000 元，预期上缴增值税 = 580 ÷ 1.17 × 0.17 × 100 000 - 550 ÷ 1.17 × 0.17 × 100 000 = 435 897 元，预期总盈利 = 3 000 000 - 435 897 = 2 564 130 元。

假设合约到期时交割结算价上涨至 600 元，现货价格上涨至 570 元/吨，上缴的增值税将比预期增加，实际盈利将减少，具体如下：

买卖盈亏 =（600-570）× 100 000 = 3 000 000 元

上缴增值税 = 600 ÷ 1.17 × 0.17 × 100 000 - 550 ÷ 1.17 × 0.17 × 100 000

= 726 495 元

实际总盈利 = 3 000 000 - 726 495 = 2 273 505 元

实际盈利较预期盈利的减少额 = 2 564 130 - 2 273 505 = 290 625 元（见表 4 - 8）。

表 4 - 8　　　　　某企业套保增值税缴纳情况表

	现货市场	期货市场	增值税	效果
预期过程	550 元/吨购入现货 10 万吨	580 元/吨期货卖出 10 万吨	435 897 元	盈利 2 564 130 元
实际过程	现货上涨至 570 元/吨	期货结算价上涨至 600 元/吨	726 495 元	盈利 2 273 505 元
最终结果	实际盈利较预期盈利减少 290 625 元			

（二）增值税风险的规避方法

为有效规避增值税风险，实现预期收益，通常的做法是在决定套期保值头寸时留下一定的敞口头寸。对于增值税为 17% 的商品，留下 15%（$0.17 \div 1.17 \times 100\%$）的敞口头寸。

将上面例子进行改进，其套期保值的计划为：以 550 元/吨的价格在现货市场买入 100 000 吨，同时以 580 元/吨的价格在期货市场卖出 85 000 吨，留 15% 的敞口；待最后交易日，将剩余的 15 000 吨以接近交割结算价的价格在期货市场或现货市场卖出，无论价格上涨还是下跌，均可规避增值税风险。

若交割时结算价上涨至 600 元/吨交割时，买方以结算价格 600 元/吨付款，卖方增值税的销项以 600 元/吨为基准。

交易盈亏 = (600 - 570) × 85 000 + (600 - 550) × 15 000 = 330 000 元

上缴增值税 = 600 ÷ 1.17 × 0.17 × 100 000 - 550 ÷ 1.17 × 0.17 × 100 000 = 726 495 元

实际总盈利 = 3 300 000 - 726 495 = 2 573 505 元

≈ 预期总盈利 2 564 130 元

反之,若交割结算价出现下跌的情况,留下15%的头寸仍然可以基本规避增值税风险(见表4-9)。

表4-9　　　　　某企业改进后套保增值税缴纳情况表

	现货市场	期货市场	增值税	效果
预期过程	550元/吨购入现货10万吨	580元/吨期货卖出8.5万吨	435 897元	盈利2 564 130元
实际过程	现货上涨至570元/吨	期货结算价上涨至600元/吨	726 495元	盈利2 573 505元
最终结果	实际盈利基本与预期盈利持平			

十六、企业参与套期保值会面临哪些风险?

套期保值功能是期货市场产生和发展的原动力,是生产经营企业进行价格风险规避的重要手段。但是,企业在生产经营过程中,利用期货市场开展套期保值交易有时并不能完全规避价格波动的风险,基差的变化、操作的不当、市场流动性的不足等因素均会对套期保值的结果造成一定影响。

(一) 基差风险

企业开展套期保值业务的实质是将较大的现货价格波动风险转化为波动较小的基差风险,因此要达到套期保值目标的首要因素是保持基差不变。但是,在实际运作过程中,由于期货价格和现货价格波动的不同步性,基差是在不断变化的,这将对套期保值的效果带来一定的影响,这种由于基差的不断变化对套期保值效果带来的影响就称为基差风险。根据基差风险产生的原因不同,又可分为品种选择风险、合约选择风险、出入市时机风险、套保数量风险和地点风险等类型。

(二) 财务风险

企业在开展套期保值的过程中，一般会根据现货的采购数量或产品的销售数量计算最优套期保值头寸。当企业生产经营规模较大时，期货的持仓头寸也较大，而且由于生产经营的连续性，头寸持有的时间也相对较长。因此，即使套期保值方向正确，也容易产生财务风险，主要包括以下几个方面：一是保证金不足的风险。即由于期货价格波动幅度和波动频率较大，期货价格可能会出现与建仓方向相反的走势，期货账户若出现较大浮动亏损，企业可能会面临追加保证金的风险。当企业保证金账户的资金余额无法满足交易保证金要求时，其持有的套保头寸有可能面临被强行平仓的风险，从而直接导致套期保值计划的失败。二是由于套期保值业务的时间跨度一般较大，这期间期货头寸可能会暂时出现较大亏损，但又临近年中或年底财务报表公布日期，企业往往被迫对期货头寸平仓，从而造成套期保值失败。

(三) 流动性风险

企业开展套期保值业务一般应根据全年或某一阶段原材料的采购计划或者产品销售计划，制订套期保值方案，因此企业必须在与其现货头寸相对应的期货合约上建仓操作。但是，由于期货市场不同合约之间的活跃程度、流动性均不同，如果相对应的期货合约流动性差，就有可能出现"想买但买不进"、"想卖但卖不出"的问题，从而影响套期保值的效果。因此，企业在套期保值过程中不能刻板根据期、现货头寸时间一致的原则进行操作，而应该选择主力合约作为建仓对象。

(四) 交割风险

企业在开展套期保值业务的过程中，虽然进行实物交割的数量很小，套期保值也并不一定进行交割了结，但是，作为现货企业，当在期货市场采购原料或者销售产品有利可图时，实物交割也是企业在套期保值中经常会遇到的问题。对于卖出套保的企业来讲，交割中可能遇到的风险主要来自以下几个方面：一是交割商品不符合交易所规定的质量标准，从而造成违约；二是现货运输环节较多，未能及时入库交货造成交割延迟；三是交货环节中成本控制不当，造成交割成本过高；四是增值税金额难以测算，造成税费增加等问题。

（五）管理风险

企业在开展套期保值过程中面临的管理风险主要来源于三个方面：一是企业本身体制缺陷造成的风险，主要是对于期货业务管理模式的选用不当，造成套期保值决策的滞后，或者导致期货交易和现货交易的严重脱节。二是企业期货业务管理体制的缺陷，常常会由于期货业务的过度集权造成具体操作人员因缺乏应有的相机行事权力而导致自主性和积极性不高，或由于过度授权而导致期货业务人员的自主决策权力过高，造成期货业务风险控制困难。三是企业期货交易内控机制不完善造成的交易风险，主要包括内部控制制度缺乏致使套期保值操作不规范，内部控制机制运作不科学使监控乏力、决策不畅等。

（六）操作风险

操作风险主要是指因信息系统和内部控制体系中存在的缺陷而导致的风险，主要来自员工的操作、流程设置的不当和交易系统的不稳定三个环节。解决操作风险的根本在于企业必须严格按照期货套期保值管理办法及套期保值方案的要求操作，制订翔实的操作预案，建立有效的内控制度，实行重要岗位分离和严格的报告制度与及时检查制度，从而防范操作风险。

十七、企业参与套期保值时如何进行风险控制？

期货交易是一项专业性较强的经营活动，企业科学利用期货工具开展套期保值业务能够有效规避价格风险，但运作不当也可能会给公司经营带来较大的损失。因此，企业在开展套期保值操作过程中，应根据自身的生产经营实际做好风险控制工作，做到事前防范、事中监控和事后处理，从而更好地发挥期货市场的套期保值功能。

（一）正确认识套期保值，坚决杜绝投机交易

企业在开展套期保值业务过程中，首先要树立正确的套期保值思想，结合现货经营来分析和评价期货套期保值的结果，不能简单地以"赚"或"赔"来评价套期保值的盈亏。同时要对套期保值账户的资金波动有一个理性的认识，从而不断提高风险意识和心理承受能力，以正确、良好的心态参与套期保值。

（二）建立健全科学的风险管理组织架构

企业应根据开展套期保值业务过程中所面临的风险特点，在现有机构设置的基础上，构建科学高效的风险管理体系，成立专门的风险管理机构，风险管理部门的组成应涵盖销售、财务、生产、仓库、运输等各部门的负责人及公司高管，对公司套期保值业务的各环节进行实时监控，有效防范交易风险。

（三）建立规范的套期保值业务流程和业务管理制度

良好的业务流程和规范的管理制度是企业顺利开展套期保值业务的有效保障。因此，企业在开展套期保值业务中，要坚持规范运作，加强套期保值审批流程、期货交易流程、资金调拨流程、风险控制流程等期货业务流程的建立健全，确保套期保值业务高效运行。此外，企业要根据业务开展的需要，建立相应的业务管理制度，包括但不限于业务审批和授权制度、风险管理制度、资金管理制度、档案管理制度、保密制度等。

（四）培养和建立专业的期货团队

企业在开展套期保值业务时，不仅要求企业的领导层对套期保值业务有深刻的认识，而且还需要建立起一支既熟悉企业生产经营，又拥有丰富期货市场实战经验的复合型人才队伍。在期货业务团队建设的过程中，企业应通过内部选拔和外部选聘的方式，注重培养和建立适合自己的专业人才队伍，保证企业在开展期货业务时所必需的技术力量，为套期保值活动提供保障。

(五)建立良好的会计核算制度

在套期保值会计核算方面,要健全会计核算制度,对套期保值业务中涉及的财务数据进行科学核算。核算过程中要遵循套期保值原理中的配比原则,将在现货市场已实现销售的商品所对应的库存成本或者是采购原料的采购支出与在期货市场进行套期保值所产生的平仓盈利或者亏损相配比,调整并确定该商品的销售成本或者采购成本。

自测题

一、不定项选择题

1. 一般来讲,传统套期保值业务应遵循的基本原则有（   ）。
   A. 商品种类相近或相同   B. 交易方向相反
   C. 数量相等或相当   D. 月份相同或相近

2. 煤炭企业参与套期保值的好处是（   ）。
   A. 有利于降低产品价格波动风险
   B. 有利于提高企业管理水平
   C. 有利于稳定企业购销渠道
   D. 有利于企业获得超额利润

3. 实践中,企业开展套期保值业务的操作策略有（   ）。
   A. 买入套期保值   B. 卖出套期保值
   C. 混合套期保值   D. 传统套期保值

4. 某煤炭贸易企业,目前动力煤库存为5万吨,企业已经与下游电厂签订了10万吨的供货合同,为防范后续煤炭价格上涨造成的采购成本上升风险,企业应采取（   ）套期保值策略。
   A. 卖出动力煤期货5万吨   B. 卖出动力煤期货10万吨
   C. 买入动力煤期货5万吨   D. 买入动力煤期货10万吨

5. 某煤炭生产企业,在秦皇岛港库存煤炭10万吨,产品均价为530

元/吨，企业为了规避价格下跌对煤炭库存造成的贬值风险，以 560 元/吨的价格在期货市场卖出 10 吨动力煤期货。某日，企业以 510 元/吨的市场价格将该批库存煤炭在现货市场卖掉，同时将套期保值头寸以 535 元/吨均价买入平仓。对于该企业的套期保值效果，下列说法正确的是（　　）。

    A. 综合期货和现货市场的总体表现为盈利，套期保值效果良好

    B. 期货市场的盈利完全弥补了现货市场的亏损，套期保值效果良好

    C. 期货市场的盈利部分弥补了现货市场的亏损，套期保值效果良好

    D. 期货市场的盈利不能弥补现货市场的亏损，套期保值效果一般

6. 一般来讲，下游消费企业参与动力煤期货的目的是（　　）。

    A. 通过买入保值锁定原料成本

    B. 通过期货工具动态调整库存

    C. 通过买入保值获得超额经营利润

    D. 通过期货工具提高资金使用效率

7. 煤炭企业利用期货工具进行库存管理的方式主要有（　　）。

    A. 纯现货库存管理

    B. 纯期货库存管理

    C. 期、现套利型库存管理

    D. 期、现结合型库存管理

8. （　　）是煤炭企业制订套期保值方案的步骤。

    A. 分析风险敞口，制定套期保值策略

    B. 选择套保工具，确定套保数量

    C. 确定开平仓价格，动态调整仓位

    D. 评价套期保值效果

9. 从成功开展套期保值业务的实践案例来看，制定成功的套期保值策略，须遵循（　　）原则。

    A. 从宏观角度确定套期保值的操作方式

    B. 从产业的角度判断套期保值的时机

    C. 从基差的角度选择套期保值的入场点和出场点

    D. 从操盘能力的角度选择套期保值的数量

10. 企业在正确开展套期保值过程中，决定套期保值效果的核心因素是

( )。

    A. 现货价格   B. 期货价格
    C. 基差变化   D. 期货市场的持仓变化

二、判断题

1. 传统套期保值策略对于套保头寸的测算往往会根据期现货价格的波动率进行，一般会小于1。（ ）

2. 套期保值的实质其实是将较大的现货价格波动风险转化为波动相对较小的基差风险。（ ）

3. 在正常市场条件下，一般期货价格会高于现货价格，远期价格会高于近期价格。（ ）

4. 企业买入套期保值的目的是为了锁定原料采购成本和经营利润。（ ）

5. 贸易企业在生产经营过程中往往会同时面临来自上游和下游的价格波动风险，因此往往需要采取混合套期保值操作。（ ）

6. 套期保值方案的制订是企业开展套期保值业务中最核心的环节。（ ）

7. 由于现货市场和期货市场是两个相互独立的市场，会受到不同因素的影响和制约，因此其价格变化趋势一般不同。（ ）

8. 企业在开展套期保值业务中，应该根据企业的库存和产量确定套期保值数量，不必关心期货市场价格的波动率。（ ）

9. 企业开展套期保值的效果评价应该结合期、现货两个市场进行，不能单独评价现货市场或期货市场的盈亏状况。（ ）

10. 套期保值的目的是为了规避企业经营过程中的各种风险，因此套期保值活动不存在风险。（ ）

三、填空题

1. 正常市场条件下，一般期货价格会比现货价格_____。
2. 煤炭生产企业处于产业链的上游，在参与套期保值过程中，一般应采取_____套保策略。

3. 企业在制定套期保值的策略中，应根据_____确定入场点和出场点。

4. 简言之，点价交易就是期货价格＋_____的贸易方式。

5. 根据企业在生产经营过程中面临的风险不同，涉煤企业一般分为_____、_____和_____三种。

6. 涉煤类企业根据生产经营面临的风险，一般有_____、_____、_____三种套期保值策略。

7. 目前，动力煤现货价格520元/吨，某电力企业预期下半年动力煤价格或将大幅上涨，为锁定原料采购价格，该企业以530元/吨的价格买入动力煤期货1501合约500手，半年后，该企业以550元/吨的价格采购动力煤现货10万吨，期货价格上涨至560元/吨。综合考虑套期保值效果，该企业的真实采购成本为_____元/吨。

8. 企业在开展套期保值过程中会涉及套期保值头寸的确定问题，目前市场上常用的套期保值数量确定方法为：_____和_____。

9. 目前市场上最常用的套期保值效果评价方法为：_____、_____、_____。

10. 在动力煤期货的首次交割中，期货公司的现货子公司与现货企业开展了套期保值业务，这种模式称为_____。

参考答案

一、不定项选择题

1. ABCD   2. ABC   3. ABC   4. C   5. AB
6. ABD   7. ACD   8. ABCD   9. ABC   10. C

二、判断题

1. ×   2. √   3. √   4. √   5. √
6. √   7. ×   8. ×   9. √   10. ×

三、填空题

1. 高　　2. 卖出　　3. 基差　　4. 升贴水
5. 上游敞口企业　　双向敞口企业　　下游敞口企业
6. 买入套期保值　　卖出套期保值　　混合套期保值
7. 520　　8. 传统套期保值比率　　最小方差套期保值比率
9. 条款比较法　　比率分析法　　回归分析法
10. 锦盈模式

第五章

动力煤期货的实物交割

本章要点

> 本章主要介绍了动力煤期货实物交割的相关内容。包括实物交割的定义，动力煤交割的方式和交割地点，交易所规定的具体质量标准和升贴水，还有动力煤期货交割的相关流程及费用。详细阐述了动力煤期货交割流程中投资者需要注意哪些风险点及交易所处理动力煤交割违约情况的相关规定。另外，介绍了交割业务中期转现业务模式和流程，企业如何在期货交割中进行实际运用。

一、什么是期货实物交割？

所谓实物交割，是指根据交易所规定的规则和程序，将期货合约标的物的所有权从卖方向买方转移的过程。其实交割不是我国期货市场凭空杜撰出来的，而是参考已拥有200年期货发展历史的美国交割体系，并立足顺应我国现货贸易习惯，解决现货市场问题，以有效服务现货企业为目的而建立起来的。

在交割过程中，交易所会将实物交割的时间、地点、可交割数量等进行明确规定。交割主体主要是针对进行"保值"的企业法人，个人投资者只能选择投机，并且持仓须在进入交割月前进行了结。

一般情况，实物交割在期货合约总成交量中占比很小，但实物交割的作用却十分巨大，它使期货价格与现货价格变动具有同步性，并随着到期日临近而逐步趋近。这样就将期货和现货两个市场连接起来，既是期货交易的延续，也是现货交易行为的一种。所以，期货交易中实物交割是期货市场存在的基础，也是期货市场发挥价格发现和套期保值功能的根本前提。投资者应该对交割环节进行一些了解。

> **小贴士**
>
> 其实交割环节只是期货交易了结方式的一种。
>
> 商品期货交易的了结方式有两种：一是对冲平仓；二是实物交割。一般投资者主要是以平仓的方式进行了结，但对于机构投资者而言，还可以选择实物交割的方式进行期货交易了结。因此，期货交割是期货交易了结的一种方式，是在合约到期日，按照交易所规定进行实物履约，并了结头寸的一种行为。

二、动力煤期货交割有哪几种方式？

根据郑州商品交易所相关实物交割细则规定，标准仓单的期货交割实行三日交割法。动力煤交割方式主要有三种：仓库交割、厂库交割和车（船）

板交割。

（一）仓库交割

仓库交割是指卖方企业通过交易所指定交割仓库将货物入库，通过质检机构检验合格后，交割仓库注册仓单，最终转化为提货单，完成物权从卖方向买方转移的过程。其中仓库是指经过交易所批准并指定实物履约交割的地点，动力煤仓库主要集中在北方四港和南方的三个进口港，其中贸易量最大的秦皇岛设为基准交割库，其他北方四港为非基准交割库。由于北方五港之间的价差基本一致，所以不设地域升贴水。

（二）厂库交割

厂库交割是以厂库取代传统意义上的仓库，以生产能力和相应信用保证作为出具标准仓单的主要依据，出库时按照交易所规定的时间提供相应质量和数量的实物。

与传统的仓库交割制度相比，增设厂库有较多好处。首先，可以有效降低交割成本，免于卖方交割的运输、装卸和短倒等成本，其次，能积极吸引现货商参与，交割流程比仓库交割简单，与现货购销基本一致。最后，能够促进期货市场功能的发挥，若市场资金推动价格非理性变动，厂库可快速发挥作用，消化期现价格背离。但从煤焦产业链厂库运用情况来看，升贴水不合理、运力限制等因素制约着厂库功能的有效发挥，后期仍有改进空间。

厂库的设立主要以区域产能较大的煤炭生产企业为主，并且动力煤制定交割厂库须在北方五港中的一个或几个港口有长期、稳定的物流业务往来的煤炭生产或流通企业。目前选定的五家交割厂库有：神华集团有限责任公司、中国中煤能源股份有限公司、同煤集团、内蒙古伊泰煤炭股份有限公司、陕西煤业化工集团有限责任公司。

（三）车（船）板交割

车（船）板交割和现货贸易基本一致，是指买卖双方协商交割时间、地点、数量和货物指标等内容后，卖方在交易所指定交割地点将货物装至买方汽车板、火车板或轮船板，完成货物交收的一种交割方式。以船板交割为例，买卖双方以货物装上买方船板为界，卖方负责装上船板前的所有费用并承担所有风险，上了买方的船，货物归买方所有，之后的一切责任和费用由买方承担（见图5-1）。

图5-1 动力煤船板交割

由于动力煤是通过燃烧利用热值的煤炭，若长时间储存会导致发热量下降，采取车（船）板交割可节省运力，保证动力煤品质。目前动力煤船板交割地点主要在秦皇岛、天津、京唐港、黄骅、防城港、唐山三港、广州港和防城港。

三、符合期货交割的动力煤质量标准有哪些？

（一）交易所设定动力煤质量标准的依据

动力煤煤种繁多，有褐煤、长焰煤、贫煤、不粘煤、无烟煤等等，我国现货市场并没有专门为整体动力煤制定国家标准，根据国际惯例，只是分品种、分等级地颁布相应的国家标准。

郑州商品交易所设计动力煤质量交割标准时，主要根据我国动力煤现货市场基本情况，结合国家相关标准，通过对现货市场大量调研，发现动力煤下游电厂主要关注的指标是发热量、全硫、全水指标，同时也考察挥发分、灰分、灰熔点等。在动力煤上市前，交易所经过反复论证并听取现货企业建议，交易所将发热量作为动力煤交割验收的计价指标，其他指标由交割环节的检验结果自行公布。

（二）动力煤交割基准品指标

根据郑州商品交易所交割细则规定，大部分煤种只要符合以下指标，都可以参与动力煤交割。动力煤期货交割基准品标准如下：（1）收到基低位发热量5 500千卡/千克；（2）干燥基全硫≤1%；（3）全水≤20%；（4）替代品和升贴水：Q≥4 800千卡/千克且符合其他质量要求，可替代交割，升贴水另计。

拓展阅读

动力煤交割指标的含义是什么？

收到基：是以收到煤的状态为基准。由于煤在开采、运输、装卸过程中，热值等指标会发生显著变化，所以在检验时，必须说明煤样在收到时的状态。比如在煤矿坑口采样、在港口采样和在电厂堆场采样，检验结果可能会有较大的差异。考虑到动力煤期货以卖方装至买方车（船）板作为实物交割过程中物权发生转移的界限，动力煤期货的收到基是指车（船）板收到。

收到基低位发热量：煤的发热量分为低位基和高位基。高位发热量是指煤在空气中大气压条件下燃烧后所产生的热量。低位基发热量是指在空气中大气压条件下燃烧后产生的热量，扣除煤中水分（煤中有机质中的氢燃烧后生成的氧化水，以及煤中的游离水和化合水）的汽化热，剩下的实际可使用的热量。简单来说，煤燃烧时，煤里面的表面水和结晶水都要靠煤的自身放出热量把其蒸发掉，对用户来说这部分热量是浪费掉的，相当于发热量降低了，所以人们称之为低位发热量。

干燥基全硫：干燥基又称干基，以假想无水状态的煤为基准。全硫是指煤中无机硫和有机硫的总和。

全水：收到基煤都含有一定量的水分，这个水分分两部分：一部分是外表水，也称表面水，是煤的开采、运输、接卸过程中混到煤里面去的，这些水都附在煤的外表；另外一部分是内在水，这部分水多数是以结晶的形式含在煤的里面，也称结晶水。这两种水合称为全水。

 四、什么是动力煤交割基准价？升贴水是如何规定的？

（一）动力煤交割基准价

动力煤期货合约的交割基准价是该期货合约的基准交割品在基准交割地的车（船）板交货含税价。例如，动力煤期货成交价是550元/吨，这个价格包含以下信息：$Q=5\,500$ 大卡/千克，全硫$\leqslant 1\%$，全水$\leqslant 20\%$，基准交割地是秦皇岛港，交货价格为550元/吨（含税）。

（二）交易所规定动力煤升贴水的方法

动力煤替代品质量和升贴水的计算，交易所主要鼓励热值高、品质好的动力煤交割，对低于市场一般热值、劣质的动力煤，则采取惩罚性贴水。另外，交割结算价是结算时计算升贴水和增值税的依据。交割结算价不是指某一天的期货价格或最后交易日的结算价格，它是配对日以及之前9个交易日共10个交易日每日结算价的算术平均价（见表5-1）。

表 5–1　　　郑州商品交易所动力煤期货质量升贴水规定

指标	允许范围	升贴水计算公式
收到基低位发热量（千卡/千克）	Q < 4 500	货款结算价（四舍五入保留小数点后两位）=［（交割结算价 - 90）÷ 5 000 × 4 800 -（交割结算价 - 90）÷ 5 000 × 4 ×（4 800 - 实测发热量）］× 90%
	4 500 ≤ Q < 4 800	货款结算价 =（交割结算价 - 90）÷ 5 000 × 4 800 -（交割结算价 - 90）÷ 5 000 × 4 ×（4 800 - 实测发热量）
	4 800 ≤ Q ≤ 5 300	货款结算价 =（交割结算价 - 90）÷ 5 000 × 实测发热量
	5 300 < Q ≤ 6 000	货款结算价 = 交割结算价 ÷ 5 500 × 实测发热量
	Q > 6 000	货款结算价 = 交割结算价
干燥基全硫（%）	> 1% 且 Q ≥ 4 500	货款结算价（四舍五入保留小数点后两位）= 根据交易所规定计算实测动力煤发热量所得价格 × 90% 第一步：按照上述公式计算价格； 第二步：在这个价格基础上打九折
	> 1% 且 Q < 4 500	货款结算价（四舍五入保留小数点后两位）= 根据交易所规定计算实测动力煤发热量所得价格 × 80% 第一步：按照 Q < 4 500 公式计算价格； 第二步：在这个价格基础上打八折
全水（%）	> 20%	以 20% 为基准，按照超出部分（四舍五入）减扣重量
扣重（吨）	± 500 吨以内	按照交易所实际认定实际重量结算
	> 500 吨	买卖双方对超出部分自行结算
	< - 500 吨	卖方及时补装，无法补装，少于部分加倍扣量

资料来源：郑州商品交易所。

五、哪些情况不可以申报动力煤交割？

参与期货交易，必须在交易所的会员（期货公司）办理开户，由期货公司代理交易、交割、结算、仓单注册和仓单注销等业务。

第一，企业法人可以申报交割，自然人不能申报交割。进入交割月以后，自然人客户不仅不能开新仓，交易所还有权对自然人客户交割月份的历史持仓强行平仓。如果这种持仓不幸被配对，交易所对该合约持有人处以合约价值10%的违约金并支付给守约方，终止交易；买卖双方均属于上述情况的，交易所按上述比例对双方进行处罚，终止交易。

第二，不能支付或接受增值税专用发票的客户不能参与动力煤交割。

第三，持仓量为非交割单位整数倍的相应持仓不得交割，即必须是5 000的整数倍才能进行交割。

 六、什么是交割配对？交割配对原则是怎样的？

（一）期货交易中的交割配对

在期货交易的每个时刻，买方的总数量和卖方的总数量一定是相同的，因为有一手买单就有一手卖单。所以进入交割后买卖双方的数量也一定相同，不存在"买卖双方的合约数不同"的问题。例如，某一个客户A，其买入127手动力煤，可能在所有卖方客户中没有卖出数量恰好为127手的，因此具体配对由交易所的计算机自动撮合，这个客户的127手买单可能有几个客户和其配对交割，比如第一个客户卖出55手、第二个客户卖出46手、第三个客户卖出 26 手，等等，直到将 127 手全部找到对手方，这个过程就是交割配对过程。

（二）交割配对的原则

交易所某品种交割配对原则和此品种交割方式有密切相关，目前交易所交割方式主要有两种：滚动交割和集中交割。

先说两种交割方式共同的交割配对原则：滚动交割和集中交割都遵循 3 日交割法。即最后交易日是第一日：配对日，当天收市后交易所给买卖双方配对。第二日：通知日，通知双方会员，会员通知客户准备货款和开票资料。第三日就是交割日。

> **小贴士**
>
> **两种交割方式的配对原则有哪些异同点？**
>
> 集中交割是交易所规定好最后交易日，在该日之前没法配对，所有合约到最后交易日时统一配对。集中交割遵循"最小配对数"原则。滚动交割是到了交割月后，在到最后交易日之前的任何一个交易日，卖方都可以通过交易所的会员服务系统提出交割申请，等待买方响应。也就是说滚动交割更灵活方便，可以在交割月最后交易日前随时交割，而不必等到最后交易日一次统一交割。在买方响应了卖方的申请后，当日为配对日，而后再进行 3 日交割法。

七、动力煤交割有哪些具体流程？

动力煤期货采用滚动交割的管理流程。滚动交割，指每次交割都是以卖方提出交割申请为交割程序的起始点，随后买方响应。于是，配对、通知、协商、交割、质检和结算等。车（船）板交割和厂库交割都是采用滚动交割的方式。

对于一般现货贸易来讲，买卖双方在不见面的情况下，对在期货市场如何进行交割感到十分不解。所以，在买卖双方进入交割流程前，交易所会经过会员单位介绍双方认识，彼此了解对方的情况。开始卖方先提出交割申请，同时报出自己货物的详细信息，买方看到卖方情况后，若觉得合适，就可以响应卖方。在双方协商交割细节并签署交割协议后，就开始安排发运、质检、收货和结算等工作。

(一) 动力煤车（船）板交割流程（见图 5-2）

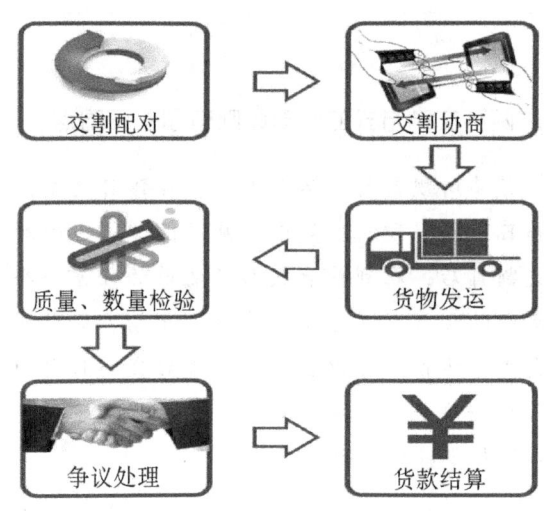

图 5-2 动力煤车（船）板交割流程

以下具体讲解车（船）板交割分项流程的具体内容。

第一项：配对。

交割月的每一个交易日，卖方都可以提交交割请求（注意，是卖方先提出交割申请，而不是买方），同时提供货物的详细信息，包括交割数量、交割地点、Q值、干燥基高位发热量、干燥基全硫、干燥基挥发分、全水分、干燥基灰分、灰熔点、煤种、产地以及该批动力煤检测报告等信息。卖方提交了交割请求，买方会看到卖方的信息。如果直到最后交易日也一直无人响应，也不用担心。因为最后还有最终强制配对，或者有对手方愿意支付大笔违约金。交割月一共有 5 个交易日，第 5 个交易日即为最后交易日（见图 5-3）。

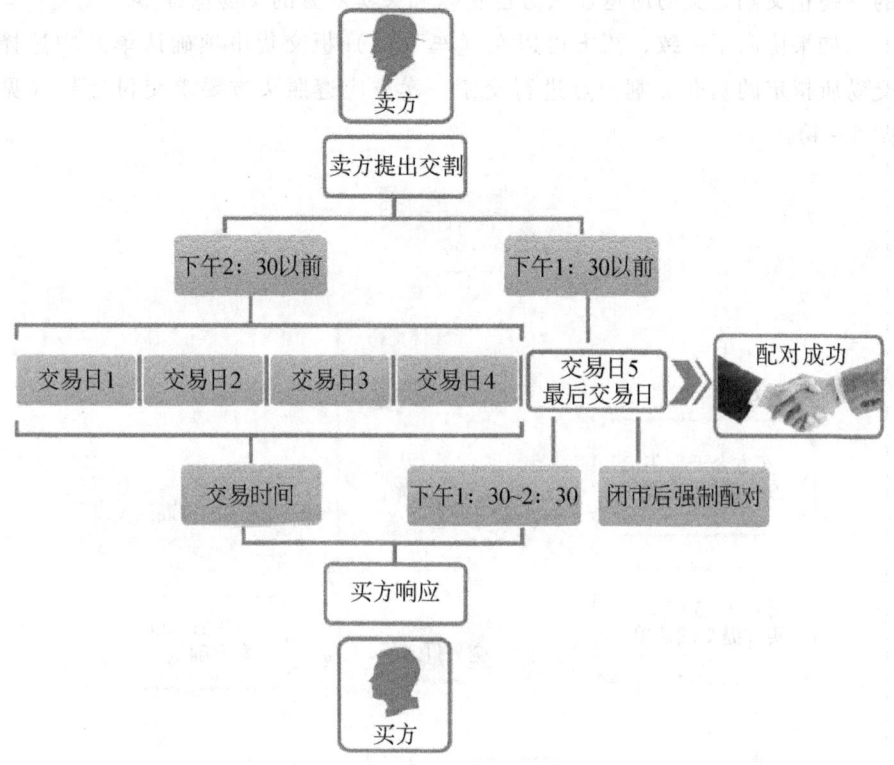

图 5-3 动力煤车（船）板配对流程

第二项：通知。

配对日的第二天称为通知日，交易所将配对的结果正式告知交易双方。

第三项：双方协商。

协商期限：自通知日起（含该日）三个交易日内。

协商内容：是否委托交易所结算、交货方式、交货时间、货款划转方式等。

买卖双方协商一致的，应当签订《动力煤协商交收协议书》，报交易所备案。此外，协商期限最后一天下午 1:30 前，买方应通过所在的期货公司提交《车（船）板交货事项确认单》，卖方下午3:00前进行确认。逾期买方未提交或卖方未确认的，视为违约。

委托交易所结算的，买卖双方按照协议办理货物交收；自行协商结算的，终止交割，交易所退还买方已付款和买卖双方的交易保证金。

如果协商不一致，买方可以在《车（船）板交货事项确认单》中选择交易所指定的基准交割地点进行交割，卖方应遵照买方要求交付货款（见图5-4）。

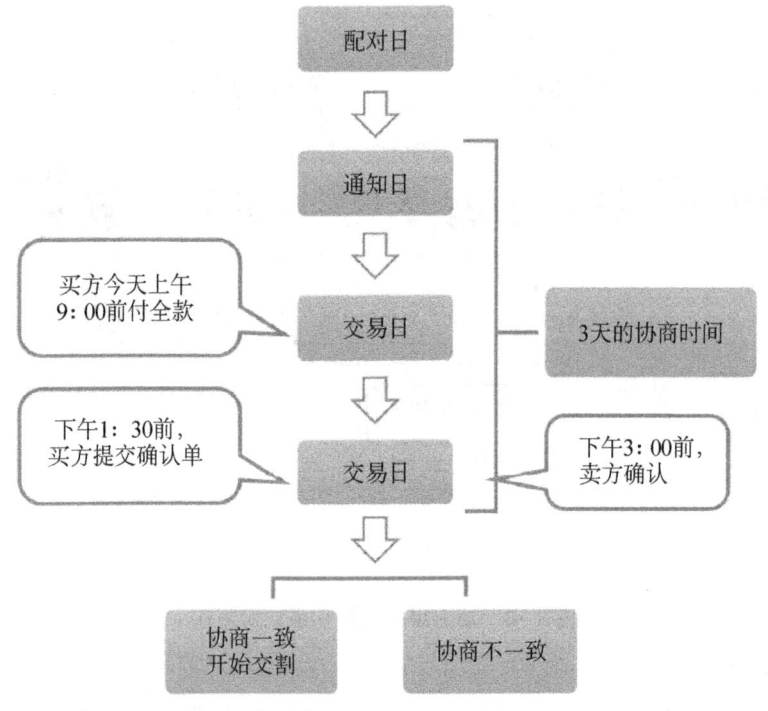

图5-4 动力煤车（船）板交割协商流程

第四项：货物发运。

1. 买方应在通知日起（含该日）7个工作日内到达货物所在地，并及时通知卖方。出现不可抗力、港口不能接收等特殊情形的，可以顺延。

2. 使用船舶运输的，卖方在收到买方船舶抵达锚地通知的第二个工作日向港务局提交进港作业申请。买方使用车辆运输的，卖方应及时安排货物装车。在装车（船）过程中，进行抽样检验和数量计量。装车（船）完毕后，买方车（船）可先行离开。

第五项：质检和计量。

质检和计量均由交易所指定机构进行。质检采样方法为移动煤流采样法（买卖双方协商一致的除外）。样品一式四份，买卖双方可各自留存一份；质检机构留存两份，一份进行检验，一份留存复检备用。计量方式为水尺或地磅。采样和计量时，买卖双方应到场监督；未到场监督的，视为对采样及计量无异议。质检机构应当自采样结束后三个工作日内完成检验并出具质检报告。装车（船）完毕，计量机构应当出具装车（船）数量证明书。

需要注意，首次质检费用由卖方承担，若买方对质检结果有异议的，可以通过指定质检机构复检，检验费用先由买方垫付，若检验结果和首次质检结果一致，质检费用及其他费用由提出复检方全权负责。

第六项：争议处理。

动力煤交割的争议主要集中在质量争议、数量争议、延迟交货争议和到期未发完货引起的争议等。

质量争议如何处理呢？

一般情况质量争议分为装车（船）前争议和装车（船）后争议两种情况。

装车（船）前，争议的处理办法：买方如果认为这批动力煤跟卖方公布信息不一致，可提出先检验，并承担相关费用。指定质检机构通过移动煤流采样并出具的正式质检报告可作为质量的判定依据。当然，如果买方认可的话，也可以采取其他的检验方式。经检验，如果 $Q<4\ 500$ 或干燥基全硫 $>1\%$，按卖方违约处理（双方协商一致的除外）。如果买方不检验或正式质检报告显示，$Q \geqslant 4\ 500$ 且干燥基全硫 $\leqslant 1\%$ 的，正常发货。允许"掉卡"在 300 大卡以内。"掉卡"指动力煤在运输、装卸和货场堆放期间出现的热值损失。例如，卖方为配对时提供的动力煤热值 $Q=5\ 500$，则允许质检结果 $Q=5\ 200$。

装车（船）后，争议的处理办法：任何一方对质量检验结果有异议的，都可向交易所申请复检，并预交复检费用。申请复检应在收到质检结果后的 5 个工作日内提出，逾期未提出复检申请的，视为同意质检结果。复检机构由交易所指定，只对保留的样品进行复检，复检项目仅限于 Q 值和干燥基全硫，全水采用初检结果。复检机构自收到交易所复检通知后 3 个工作日内，应当得出复检结果，并书面通知交易所，交易所通知异议方。复检结果为货物质量判定的最终依据，复检费用由过错方承担。

数量异议如何处理呢？买方对计量衡器有异议时，应停止交接货物，并书面通知交易所，交易所组织相关计量监督部门现场检测计量衡器，相关费用由过错方承担。

延迟交货如何处理呢？买方车（船）未按照约定或规定的时间抵达指定交割地或者卖方未按照约定或规定的时间在指定港口完成备货，造成延误的，守约方可以向交易所提出补偿申请，并提交相应证据，交易所核实后，对过错方罚扣滞纳金补偿给守约方。由于天气等不可抗力导致商品装运推迟的，可以顺延，无须缴纳滞纳金。

逾期没发完货的争议如何处理？卖方按约定正常发货，至最后交割日仍未完成所有商品交收的，可以延期交收，买方不得拒绝。一方未照约定完成所有货物交收的，另一方可以申请终止交收（见图 5-5）。

第七项：货款结算。

买卖双方 3 日协商期限内达成一致且委托交易所结算的，由卖方向交易所提交此次交割动力煤的数量和货款金额等结算信息。

买卖双方 3 日协商期限内没能达成一致，但按规则完成交收的，卖方仍要向交易所提交相应结算信息。除了交割数量和货款金额等信息外，还应提交最终实测发热量（千卡/千克）、全硫和水分等结算信息，同时提交指定机构出具的装车（船）数量证明书影印件和最终质检报告影印件。提交上述结算信息后，卖方通知买方核实。买方核实无误的，应当向交易所提出异议，由交易所查证后据实处理。买方在规定时间内未对上述结算信息提出异议的，视为无异议。交易所根据卖方提交的结算信息，办理结算手续。

交易所退还买卖双方的交易保证金，划转货款的 80% 给卖方，剩余 20% 的货款在买方确认收到卖方增值税专用发票时划转给卖方。

(二) 动力煤厂库交割流程

车（船）板交割与厂库交割最大的区别是：前者交割的是现货，后者

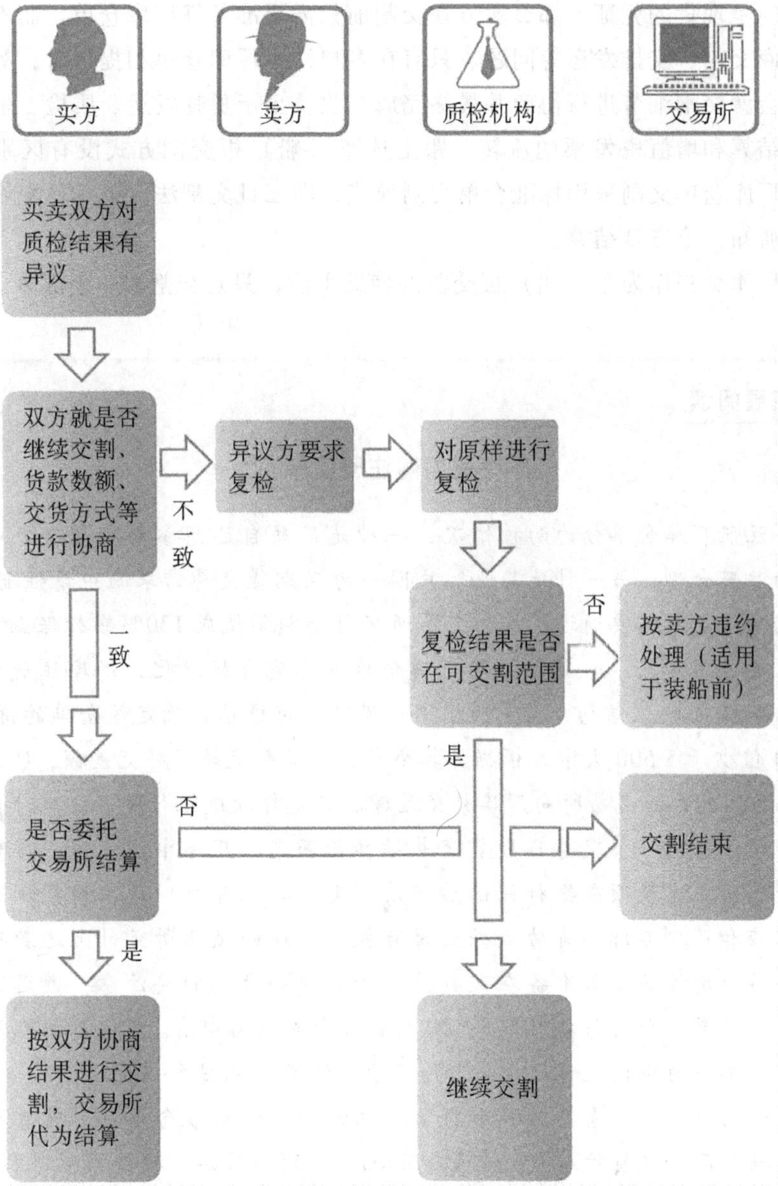

第五章 动力煤期货的实物交割 135

图 5-5 动力煤车（船）板交割争议处理流程

交割的是现货的凭证。那么卖方在交割前只需要准备好厂库仓单，而不必考虑协商交割、安排发运等问题。只有在客户注销厂库仓单和提货时，买卖双方才会就交割细节进行协商并最终完成交收。至于货物发运、质检、争议处理、结算和增值税发票的流转，跟上述车（船）板交割方式没有区别。动力煤厂库仓单交割采用标准仓单交割模式，即三日交割法。第一日配划，第二日通知，第三日结算。

厂库交割作为车（船）板交割的辅助手段，只是交割的一小部分。

拓展阅读

厂库是如何注册仓单的？

注册厂库仓单分为两种情况，一种是厂库自己想参与期货交割而申请的注册仓单，另一种是其他客户因动力煤期货交易需求而申请注册的。这两种情况都需要通过厂库向交易所交付全额货值或130%银行保函。这里需要说明两点：一是动力煤厂库仓单并非完全标准化，厂库注册仓单时必须提交Q值信息，交易所根据厂库提供的Q值，确定该仓单的价值。若Q值少于5 500大卡，根据计算公式，厂库向交易所补交差额，Q值高于5 500大卡，交易所向厂库补交差额。二是货款或银行保函金额计价依据申请注册前一个交易日期货交易结算价而定。厂库申请注册厂库仓单的，交付上述款项或银行保函后申请注册。其他客户申请注册厂库仓单的，应和厂库签订购货协议并交付货款，厂库向交易所交付上述款项或保函后申请注册。若准备在交割月注册仓单和交割的要注意，最迟应当在交割月第二个交易日下午3：00前提交仓单注册申请。交易所可在厂库提出仓单注册申请之日起3个工作日予以注册（见图5-6）。

如何办理厂库仓单注销和提货？注销动力煤标准仓单时，提货人应提前与厂库沟通货物质量、重量等情况。协商一致后，按协商结果提货，双方自行结算；协商不一致的，按照郑州商品交易所交割细则有关规定

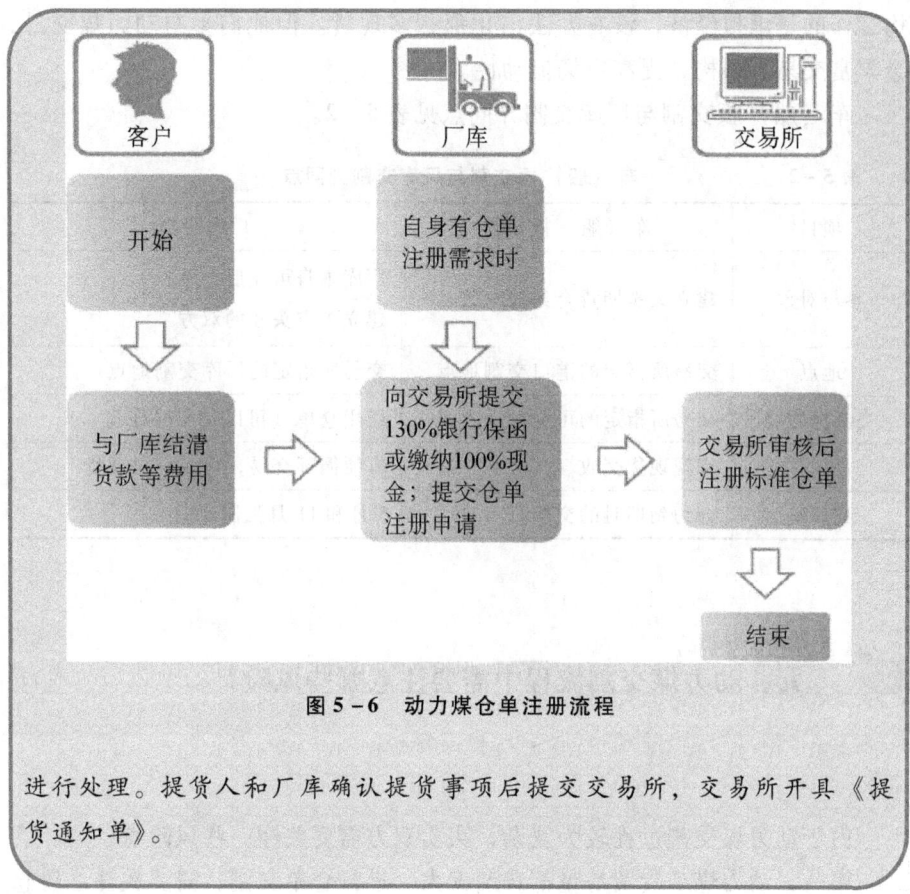

图 5-6 动力煤仓单注册流程

进行处理。提货人和厂库确认提货事项后提交交易所,交易所开具《提货通知单》。

八、车(船)板与厂库交割流程有哪些异同点?

第一,车(船)板交割的是现货,基本上属于一次性交易。

第二,信用仓单交割是现货凭证,只要不提货,可以循环交易。信用仓单有效期最长为 6 个月,每年 5 月、11 月强制注销。

第三,信用仓单交割方式有利于专业期货投资机构运作。专门的投资机构运作的是虚拟经济,没有办法消化那么多现货。但他们参与动力煤交易,会丰富交易者结构,提高市场流动性。

车(船)板交割与厂库交割异同点见表5-2。

表5-2 车(船)板交割与厂库交割异同点

项目	车(船)板交割	厂库交割
参与对象	建立买卖期货合约的双方	厂库本身可注册仓单; 建立多空头寸的双方
地点	交易所指定的港口交割地点	交易所指定的厂库交割地点
交割标的物	交易所指定的可交割动力煤	信用仓单(可以是非标准仓单)
作用	实现现货交收	方便循环交易,可以不提现货
到期日	合约到期时的交割日	5月和11月强制注销

九、动力煤交割流程中需要注意哪些风险?

由于动力煤交割过程较为复杂,买卖双方需要关注一些风险点。

第一,动力煤现货贸易量都普遍偏大,进行仓单交割,需要关注注册仓库的货物库容及管理条件,是否能满足大量交割,需要及早和仓库、交易所进行沟通。

第二,动力煤质量不太稳定,容易发生变化,加上露天堆放,天气条件变化宜使动力煤发热量出现下降。一般情况,如果堆放1个月,动力煤发热量会显著下降,不宜存放的特点导致动力煤不宜在仓库滞留太久。所以,在进行交割时注意货物运输时间和滞留时间及货物保存,容易发生质量不达标无法交割的违约风险。

第三,在车(船)板交割时,买卖双方需要提前沟通好时间和地点,在旺季或出现大雾、雨雪等天气,港口容易出现船只无法集港,这时容易发生买卖双方无法顺利交收货物的情况。所以,买卖双方需要与港口提前进行良好的沟通,并和交易所保持联络,及时解决问题。

第四,一般情况,质量检验是在装货的移动煤流中进行采样,但如果货物滞留时间过长,或货物数量巨大,质量检验也可能会出现取样及分析不准确等问题。同时,如果承诺货物数量不足,也会发生违约事件,交易所会对不足部分进行双倍罚扣。

第五,关注动力煤运输过程中可能发生的阻塞或其他风险,参与交割的买卖双方需要预留充足交割运输的时间。

第六,买卖双方应关注交割配对、仓单注册或注销、质检日期等时间要求。

十、动力煤合约中指定的交割仓库和厂库有哪些?动力煤交割中会产生哪些费用?

(一) 动力煤指定交割仓库和厂库

动力煤主要的交割仓库有:
1. 基准交割库:秦皇岛;
2. 非基准交割库:曹妃甸港、京唐港、黄骅港、天津港及广州港。

升贴水设置:

期货交易价 = 交割基准价 = 港口平仓价

曹妃甸港、京唐港、黄骅港、天津港与秦皇岛港,北方五港价差基本一致,不设立区域升贴水;广州港设置升贴水,升贴水金额相当于港杂费(见表5-3)。

表5-3　　　　　　　　动力煤交割厂库一览表

编号	单位名称	地址	港口提货点	升贴水（元/吨）
1201	中国中煤能源股份有限公司	北京市朝阳区黄寺大街1号中煤大厦	秦皇岛港、国投京唐港、国投曹妃甸港、唐山港口物流、天津港	0
1202	神华销售集团有限公司	北京市东城区安德路16号神华大厦	黄骅港、秦皇岛港、国投京唐港、国投曹妃甸港、唐山港口物流、天津港	0
1203	大同煤矿集团有限责任公司	山西省大同市矿区新平旺	秦皇岛港、国投京唐港、国投曹妃甸港、唐山港口物流	0
1204	陕西煤业化工集团有限责任公司	陕西省西安市高新区锦业路1号	国投曹妃甸港	0
1205	内蒙古伊泰煤炭股份有限公司	内蒙古鄂尔多斯市东胜区天骄北路伊泰大厦	秦皇岛港、国投京唐港、国投曹妃甸港	0

资料来源：郑州商品交易所。

小贴士

交易所如何选取交割仓库?

交易所选取动力煤交割仓库主要考虑以下几点：
1. 是否动力煤重要的贸易集散地？
2. 是否动力煤运输的交通枢纽？
3. 是否具有充足的交割库容？

以交割基准库秦皇岛为例，在地理位置上，秦皇岛位于环渤海圈中端,西临渤海湾,北近辽东湾,同大连港、天津港成鼎足之势,堪称北中国的重要门户;在煤炭贸易和运输方面,秦皇岛是中国动力煤"北方南运"大通道的主枢纽港。货源主要分布在山西、内蒙古、陕西等中国煤炭生产基地,铁运和汽运都十分便利,每年输出煤炭占全国沿海港口下水煤总量的50%左右,其报价在全国形成广泛的影响力,环渤海动力煤价格指数更是成为指引现货市场走势的风向标。

(二) 动力煤交割相关费用

郑州商品交易所对动力煤交割费用的规定,基本是参考现货贸易习惯。车(船)板动力煤交割时,动力煤装至车(船)板(汽车、轮船)前的一切费用由卖方客户承担,之后的一切费用由买方客户承担。厂库仓单动力煤出库时,用汽车或轮船提货的,动力煤装至车(船)板前的一切费用由厂库承担,之后的一切费用由买方客户承担;用火车提货的,动力煤装至短倒车辆车板前的一切费用由厂库承担,其余费用由提货方承担。表5-4是动力煤的大致交割费用。

表5-4　　　　　　　　　动力煤交割费用表

项 目	费 用
单位交割数量	20 000 吨
交割标准	5 500 大卡/千克
交割费用	1 元/吨
仓储费用	0.05 元/吨/天
入库费	车(船)板及厂库都没有入库费
出库费	汽车及船运出库费为 0 火车需要有短倒费用
质检费	600 元/样

资料来源:郑州商品交易所。

十一、动力煤期货交割中的增值税如何流转？

厂库仓单交割，自交割日（不含该日）起7个交易日，卖方应当提交增值税专用发票。延迟1~10日（公历日）的，卖方应当每天支付货款全额0.5‰的滞纳金；超过10日（公历日）仍未提供增值税专用发票的，视为拒绝提供增值税专用发票，卖方应当按货款金额的规定比例（17%）支付违约金。滞纳金或违约金从货款余额中扣除，补偿给卖方。

假定6日是三日交割法的第三日，即交割日，卖方要注意增值税发票流转的几个时间点。第七个交易日是14日，14日之前卖方要将增值税发票交给买方；15日之后开始每日收取0.5‰的滞纳金，再过10个公历日，25日之后就算违约了，还要交付货物价值17%的违约金给买方（见图5-7）。

图5-7 动力煤交割增值税流转示意图

车（船）板交割，卖方应在交货完毕后7个交易日内或者合同约定的时间向买方交付增值税专用发票。延期交付的，参考上述规定处理。买方应在收到卖方转交的增值税发票两个工作日内（含该日），对增值税专业发票进行确认。因买方提供资料有误，致使发票作废，买方责任自负；买方提供资料延迟的，卖方提供发票时间顺延。自交割日（不含该日）起超过7个交易日，买方仍未提供有关资料，交易所划转剩余20%货款至卖方，由此造成的后果买方自负。

案例 5-1

企业交割中面临的增值税风险

2013年10月9日，TC1401合约在小幅盘整后价格出现大幅拉升，随后价格上冲至567元/吨后开始企稳回落。某动力煤企业认为，动力煤在短时间内价格拉升20元/吨左右，涨幅较大，并有可能透支后期价格涨幅，而此动力煤企业现货成本低于540元/吨，期货市场大幅高于现货价格30元/吨左右，此动力煤企业认为具备了通过期货市场销售现货的条件。也就是说，若TC1401合约上卖出期货合约，并持有至交割日，则可以获利30元/吨左右。

然而，卖出合约后价格不跌反涨，最高价格达到601元/吨，导致企业不能不追加保证金，同时随着交割日来临，增值税风险也同步上升。到随后滚动交割配对后，尽管期现价差收拢，但结算价格仍然处于577元/吨高位。本次保值交易中，企业卖出的实际价格为561元/吨，但开票价为577元/吨，也就是增值税部分增加了2.72元/吨。

因此，当企业参与保值时，需要关注价格反向运动造成的增值税提高的风险。通常，我们可以通过调整交割数量达到减小风险的目的（见图5-8）。

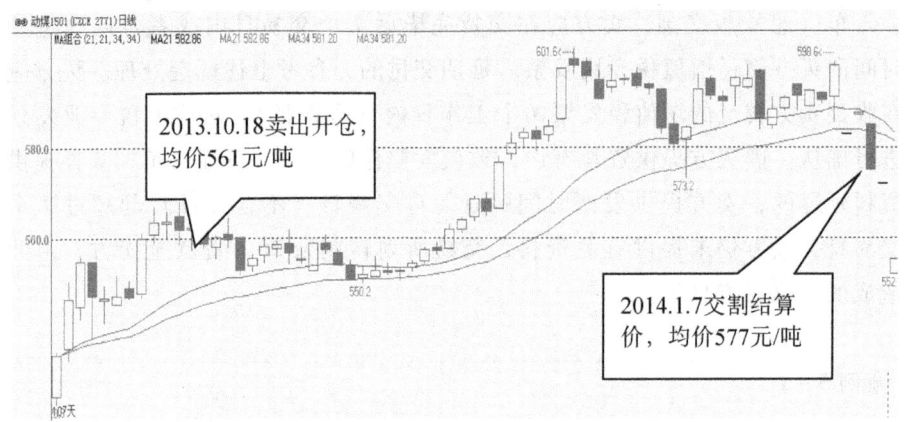

图 5-8　动力煤交割均价计算示意图

十二、什么是标准仓单？动力煤标准仓单有效期是怎样规定的？

（一）标准仓单

通俗地讲，仓单就是仓储企业给货主开具的存货凭证，这个凭证在交易所注册后，就可以参与期货交割了。简单地说，仓库标准仓单就是交易所标的的标准品在交易所指定仓库存储的存货凭证。郑州商品交易所上市的期货品种大多实行仓单交割方式。目前，动力煤交割主要设计的标准仓单有两种：仓库仓单和厂库仓单。

仓库仓单就是卖方把货物先运进交易所指定的交割仓库，拿到存货凭证（标准仓单），然后买卖双方交割时，实际上就是交割的这个存货凭证（标准仓单）。当买方拿到仓单后可选择提货，或将仓单转让。

厂库信用仓单是指由厂库以担保方式开出，在交易所指定地点交货的标准仓单。厂库将相当于货值的现金或相当于货值130%的保函交给交易所，交易所审核后，信用仓单就注册成功了。一般厂库注册的信用仓单，货物来源主要是该厂库自产的货物。信用仓单和仓库仓单的主要区别是：信用仓单可暂时没有货物，但必须在交割前确保买方可以顺利提货。

（二）标准仓单有效时间

对于动力煤而言，信用仓单只要不提货，可以循环交易。但由于动力煤热值和品质会随着时间推移而降低，交易所给动力煤仓单限定一个必须注销的有效期。动力煤仓单有效期最长为6个月，每年5月、11月强制注销（见图5-9）。

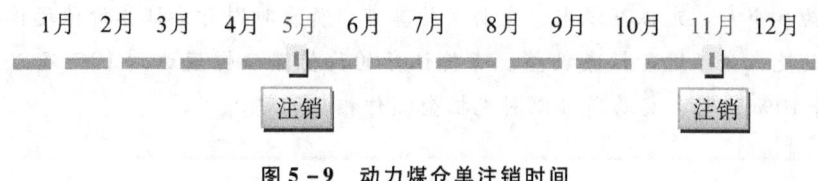

图5-9 动力煤仓单注销时间

十三、动力煤企业如何运用标准仓单？

（一）标准仓单充抵保证金

动力煤企业在注册仓单后，可以用来冲抵在交易所进行交易的保证金。这样企业可以将释放出来的资金用来买卖现货、公司运营等其他用途。但交易所对冲抵金额、用途及时间有一些规定，企业应全面了解后再进行冲抵。

根据郑州商品交易所规定，企业需要注意以下事项：

1. 仓单冲抵仅用于交易担保，发生的亏损、交割货款、出金、费用等款项均须以货币资金及时结清。

2. 每次充抵的有价证券价值不得低于10万元人民币；有价证券充抵保证金的金额不得高于有价证券价值的80%。

3. 办理时间为每个交易日下午2：30之前。

4. 标准仓单充抵保证金时，以办理日前一交易日该标准仓单对应品种最近交割月份期货合约的结算价为基准价计算其价值。

> **小贴士**
>
> **企业账户中冲抵的有价证券和资金如何配比？**
>
> 例如：标准仓单价值200万元，可充抵保证金$200 \times 80\% = 160$万元，客户账户里须有至少$160 \times 20\% = 32$万元。有价证券每次充抵保证金的期限为6个月。充抵期限内，交易所结算部门负责对因有价证券价值变化导致的充抵金额进行核查调整。有价证券的价值涨跌幅度达到10%及以上（含10%）时，交易所可以对充抵金额作相应调整。

（二）标准仓单质押贷款业务

对于动力煤企业来说，货物在生成标准仓单时不仅可以随时将货物交收、转让，还可以用仓单作为抵押物，在银行申请部分贷款。一般情况，仓单申请贷款可用于企业生产经营周转，期限在1年之内。

但需要注意，不同交易所和银行业务合作不同，可能影响到企业质押额度、时间限制及相关要求也有所差异。同时，各家商业银行内部管理不同，也会导致标准仓单质押授信的具体操作流程和要求也不完全一致。企业在参与质押业务时，需要提前和交易所及相关银行取得联系。

> **小贴士**
>
> **一般企业进行仓单质押有哪些流程？**
>
> 目前通过质权登记及质权行使通道办理的模式大致是：由客户向贷款行提交申请材料，贷款行接收审核并授信审批，之后签订合同，进行质押登记，发放贷款，进行贷款监控、偿还，最后处置仓单。银行在审查客户材料时，根据其财务状况和经营规模进行划分、认定。

十四、什么是期转现业务？期转现与其他头寸了结模式有什么区别？

（一）期转现

期转现，简单地说，就是提前交割。例如，如果您是卖方，在期货市场持有的是卖单，希望提前交割收回货款，买方想提前提货。那么，可以通过期转现业务不必等到交割月，随时可以进行。

期转现如何操作呢？买卖双方通过各种渠道联系到对方，比如期货公司或业内朋友及交易所信息发布平台等。双方协商一致后，可以签署期转现协议并递交给交易所审核。这个期转现协议包括两个协议价格：期货平仓价格和现货交收价格。当然，期货协议平仓价格不能太离谱，只能在当日该合约涨停板范围之内。审核通过后，交易所将买卖双方的持仓平仓。需要交易所结算，可以按照交易所结算流程进行（见图5-10）。

图5-10 动力煤期转现

（二）期转现业务与平仓和交割的了结模式的区别

与交易所平仓后买卖现货不同，期转现是以买卖双方商定的价格进行平仓。期转现与交割也不同，买卖双方可以提前进行交收货物，交货时间、地点与品级相对灵活，都是由买卖双方来商定。

首先，相对于"到期交割"来说，期转现成本较低，期转现卖方可以提前收回货款，而且减少了运输、储存、利息等交割费用；其次，相对于"平仓后买卖现货"来说，期转现可以保证平仓价格的单一性。平仓后进行现货交收，期货价格并不唯一，现货交易价格也不唯一。但在期转现中，买卖双方以商定的价格平仓和商定的价格进行现货交收，可以保证期货价格和现货价格唯一。而且，商定的期货价格稍高（低）时，现货价格也同样升高（降低），这可以保证买卖双方得到的购销价格保持不变。期转现能够保证双方平仓价格的单一性，这是其得到广泛应用的一个重要原因。

另外，实现期转现的一个重要条件是：期货价格与现货价格保持在合理的价区内。当期货价格严重偏离现货价格时，即使包含成本因素，对于买卖中的一方，期转现得到的收益仍小于"交易厅平仓后买卖现货"或"交割"得到的收益，这时期转现是无法进行的。另外，期货市场参与者的结构、套期保值者和现货贸易伙伴是否很多，期转现规则是否便利，都将影响期转现的数量。

案例 5-2

动力煤期转现成功案例介绍——锦盈模式

自动力煤期货上市以来，期、现货市场联动性较好，随着产业链上下游参与企业的增多，动力煤价格发现和风险管理的功能逐步显现。TC1401 合约于 2014 年 1 月顺利完成交割，共交割 6 万吨，其中 3 万吨为期货转现货。此次期转现顺利完成得到市场的普遍认可。下面介绍的就是这次成功的期转现案例。江苏锦盈贸易有限公司（以下简称锦盈贸易）和内蒙古伊泰煤炭股份有限公司（以下简称伊泰集团）在 TC1401 合约上通过"定量定价协议—期货合作套保—期货转现货"等系列操作，成就了一宗现货企业通过期货市场期转现的经典案例。

案例中的买方锦盈贸易是锦泰期货有限公司（以下简称锦泰期货）全资风险管理子公司，锦盈贸易之所以参加买入动力煤并进入交割，是受江苏新海发电有限公司（以下简称新海发电）委托，作为新海发电的代理方参与期货交易的，从而使得新海发电可以间接利用期货市场进行避险操作。

1. 案例背景

在整体煤炭市场低迷、产能过剩、需求萎缩的大背景下，动力煤价格持续处于下跌态势。2013年9月下旬，受"大秦线"检修、冬储煤启动及减少煤炭资源税等政策利好因素支撑，国内动力煤价格逐步企稳回升。11月动力煤现货价格开始加速上涨，环渤海动力煤价格指数上涨至560元/吨附近，同时动力煤现货成交价格更是突破580元/吨，多数煤炭企业对后市十分乐观，认为12月价格有可能突破600元/吨。届时将是煤、电双方执行年度合同的日子，如果价格一直上涨，会增加合同的履约风险，电厂的用煤成本将大幅度提升，电厂希望找到更有保障的煤炭供应渠道和锁定较为合理的现货价格。

2. 案例叙述

2013年11月，伊泰集团领导前往江苏国信集团就2014年煤炭购销进行协商。同属国信集团旗下的锦泰期货在了解到相关情况之后，认为可以通过旗下风险管理子公司——锦盈贸易帮助上述两家企业满足利用期货市场规避价格风险的需求。

通过对新海发电企业风险的全面梳理，锦盈贸易认为可以与新海发电开展合作套保业务。锦盈贸易通过与新海发电签订现货购销合同、在期货市场买入动力煤期货合约（TC1401）、与伊泰集团签订期货转现货协议、与伊泰集团签订现货交收协议、实物交割等节点，帮助新海发电买到了伊泰集团的煤炭，同时，锁定了煤炭购买价格和质量，有效规避了价格波动风险。

锦盈贸易提出在价格上涨趋势下，利用期货市场"定量定价、合作双赢"的套保方案，并得到新海发电和伊泰集团的认可，三方合作得以开展。

根据这份方案，三方合作分为七步走。

第一步：新海发电与锦盈贸易签订煤炭购销合同，其中价格暂不明确，待期货建仓后以价格确认单的形式再行确定。

第二步：待价格运行到新海发电的心理价格区间时，新海发电向锦盈贸易下达采购意向，并向锦盈贸易支付10%的定金。锦盈贸易依据新海发电的采购意向在期货市场进行买入（如果市场价格出现剧烈波动导致无法成交,锦盈贸易须及时与新海发电沟通,等待对方重新下达价格指令)。在本案例中,新海发电认为585元/吨以下的价格进行采购都比较合适。11月25日,当动力煤期货价格运行在583元/吨附近时,锦盈贸易按照指令分批买入3万吨(150手)TC1401合约。

第三步:锦盈贸易完成建仓后,算出均价和必要的成本,得出实际购销价格为583元/吨,双方依此价格签署确认单,作为履行3万吨现货购销合同的依据。

第四步:与此同时,伊泰集团也在期货市场建立合适价位。11月29日,动力煤期货价格已经接近600元/吨。伊泰集团认为入场进行卖出保值的时机已经成熟,并于当日以594元/吨的价格在TC1401合约卖出3万吨(150手)。

第五步:在锦盈贸易和伊泰集团均完成建仓后,经过协商,双方商定在TC1401进入交割月提高保证金前办理期转现交割手续,完成期货头寸平仓,于是定在12月25日,双方协商按照585元/吨的价格进行期货转现货交易。从理论上说,该协议平仓价格在申请日涨跌停板价格以内都是符合规则的,但是考虑到这是动力煤期货上的首笔交割,双方都不希望在期货头寸上出现浮亏,协议平仓价格不能低于买方建仓价格583元/吨,不能高于卖方建仓价格594元/吨。经过商定,双方最终确定以585元/吨的价格平仓并签订现货供货合同。期转现商谈的平仓价格为增值税开票价格。期转现之后,交易所不再负责货物交收和资金划转,完全由双方自主协商。

第六步:伊泰向锦盈贸易(实际为新海发电)供货,锦盈贸易按照期转现协议价格向伊泰支付货款。

第七步:付款:新海付款给锦盈贸易,锦盈贸易付款给伊泰集团。

3. 期转现流程及关键点

2013年11月底,锦盈贸易完成期货头寸的建仓,通过江苏新海发电有限公司了解到内蒙古伊泰集团也参与了动力煤期货交易,锦盈贸易与伊泰集团进行沟通,双方达成期转现意向。在12月25日对期货头寸进行平仓,现货装船安排在1月上旬。

期转现协商主要关键点:

1. 期转现价格。期转现期货平仓价格和现货交收价格都定为585元/吨。

2. 交割基准品和升贴水。由于期转现谈判发生在12月中旬，市场性价比较好的5 500大卡动力煤与期货交割品最为接近，同时伊泰3#煤热值在5 500大卡附近，双方同意以伊泰3#煤作为基准交割品。考虑到伊泰煤炭全硫指标低于交易所要求，参照现货交易习惯，单独对全硫设置升贴水。当硫分大于0.8%，按照指标每升高0.01%，价格降低0.2元/吨；当硫分小于0.4%，按照指标每下降0.01%，价格升高0.2元/吨；当硫分处于0.4%~0.8%时，不调整价格。

3. 期转现交易时间。进入交割月以后保证金将会提高，双方协商2013年12月底之前完成期货头寸的平仓，现货装船安排在2014年1月。

4. 交割地点。经过双方协商，将价格地点定为秦皇岛、京唐港或曹妃甸港。

5. 装船安排。考虑大船运输成本较低，北方港口主力船型都在4万~5万吨，运输目的地是连云港，经过双方协商，可以派加大船只装船，3万吨以内采用期货定价，超出部分采用现货传统定价，另行结算。

6. 检验方式。按照现货方式检验。

7. 结算方式。参照现货结算方式，装船前买方支付全额货款；装船后，对因实际装船质量、数量产生的预付款和实际应付款之间差额，多退少补，并约定开票结算。

实物交收过程中，新海电厂派船"安悦山"到京唐港锚地，"安悦山"载重4.5万吨，其中3万吨以期货交收价格585元/吨进行结算，剩余部分按照新海电厂和伊泰集团长协进行结算。

资金结算中，依据现货购销合同，新海电厂于2013年11月26日和2014年1月6日分两次向锦盈贸易支付货款175万元和1 573.4万元，合计1 748.4万元。锦盈贸易在6日下午向伊泰集团支付货款1 755万元，伊泰集团收到全额货款后向港口进行作用申报，根据港口安排于10日进行装船。2014年1月14日秦皇岛出入境检验检疫局煤炭检测技术中心出具质检报告，整船煤炭重量45 139吨，全水15.8%，全硫0.33%，收到基低位发热量5 553大卡。依据前期指定的升贴水标准和合同价585元/吨，最终结算为592.23元/吨，扣除先期支付的1 755万元，锦盈贸易21日向伊泰集团支付余款21.69万元，增值税发票金额17 766 900元。

十五、动力煤交割是否会遇到违约？交易所是如何处理的？

在动力煤交割中会由于种种原因，发生一些意外情况导致交割违约等情况发生。但不管原因如何，交易所的交割制度会最大限度地保护守约方的利益。

（一）违约行为

协商期限内，买方未提交《车（船）板交货事项确认单》；规定期限内，卖方未能如数交付仓单或货物；规定期限内，买方未能如数支付货款；车（船）板卖方交割的货物质量不符合交割质量规定。

（二）违约行为的处理

违约方支付违约部分合约价值（按照交割结算价）20%的违约金给守约方。买卖双方终止交割。买卖双方同时违约的，交易所按终止交割处理，并对双方分别处以违约部分合约价值5%的罚款。

自测题

一、单选题

1. 动力煤期货基准交割品的收到基低位发热量指标为（　　）千卡/千克。

　　A. 4 500　　　　　　　　B. 5 000
　　C. 5 500　　　　　　　　D. 5 600

2. 动力煤的最小交割单是（　　）吨。

A. 1 000　　　　　　　　B. 3 000
C. 20 000　　　　　　　 D. 30 000

3. 交割月的最大持仓量为（　　）手。
   A. 2 000　　　　　　　　B. 500
   C. 5 000　　　　　　　　D. 1 000

4. 自交割日起的（　　）个工作日内，卖方应当提交增值税专用发票。
   A. 5　　　　　　　　　　B. 7
   C. 10　　　　　　　　　 D. 15

5. 信用仓单最长有效期为（　　）个月。
   A. 5　　　　　　　　　　B. 6
   C. 11　　　　　　　　　 D. 12

二、多选题

1. 下列（　　）港口是交易所确定的非基准交割地。
   A. 秦皇岛港　　　　　　B. 曹妃甸港
   C. 天津港　　　　　　　D. 防城港

2. 动力煤期货的两种交割方式分别是（　　）和（　　）。
   A. 车（船）板交割　　　B. 滚动交割
   C. 厂库仓单交割　　　　D. 现金交割

3. 动力煤交割时质检的样品一式四份用于（　　）。
   A. 质检机构检验　　　　B. 买卖双方自留
   C. 交易所留存复检　　　D. 质检机构留存复检

4. 动力煤交割的争议主要集中在（　　）。
   A. 质量争议　　　　　　B. 数量争议
   C. 延迟交货争议　　　　D. 到期没发完货引起的争议

5. 下列（　　）是动力煤合约的交割基准价包含的信息。
   A. $Q = 5\ 500$　　　　　B. 全硫 $\leq 1\%$
   C. 全水 $= 10\%$　　　　D. 基准交割地是秦皇岛

三、判断题

1. 动力煤的煤种非常丰富，有褐煤、长焰煤、贫煤、不粘煤、无烟煤等。（　　）

2. 收到基高位发热量是指煤在空气中大气压条件下燃烧后产生的热量，扣除煤中水分（煤中有机质中的氢燃烧后生成的氧化水，以及煤中的游离水和化合水）的汽化热（蒸发热），剩下的实际可使用的热量。（　　）

3. 在车（船）板交割过程中买卖双方以货物装上买方车（船）板为界，卖方负责装上车（船）板前的所有费用并承担所有风险，买方承担之后的所有费用和风险。（　　）

4. 信用仓单交割的是现货凭证，只要不提货，可以循环交易。（　　）

5. 当持仓量不是交割单位的整数倍时，也可以进行交割。（　　）

6. 当交割违约发生时，交易所的交割制度会最大限度地保障守约方的利益。（　　）

7. 车（船）板卖方交割的货物质量不符合交割质量规定不属于违约行为。（　　）

8. 期转现协议中包含的期货协议平仓价格只能在当日该合约涨跌停板范围之内。（　　）

9. 动力煤交割时允许"掉卡"在500千卡以内。"掉卡"指动力煤在运输、装卸和货场堆放期间出现的热值损失。（　　）

10. 只有在其他客户（通常是专业投资机构）因动力煤期货交易需求而申请注册时才可注册厂库（信用）仓单。（　　）

参考答案

一、单选题

1. C　　2. C　　3. A　　4. B　　5. B

二、多选题

1. BCD   2. AC   3. ABD   4. ABCD   5. ABD

三、判断题

1. √   2. ×   3. √   4. √   5. ×
6. √   7. ×   8. √   9. ×   10. ×

第六章

动力煤期货中投机和套利交易

> **本章要点**
>
> 本章主要介绍动力煤投资者的类型,阐述如何通过技术分析进行动力煤期货交易,如何利用时间周期辅助交易,如何通过基本面分析把脉动力煤期货走势,如何进行资金管理及止损的方法等。教育投资者树立正确的投机理念,科学制定期货交易计划。

一、动力煤投资者来自哪里?有哪些类型?

动力煤期货的参与者以贸易商、生产企业、消费企业和投机者为主。当煤炭价格高涨,利润被吞噬的时候,消费企业参与积极性较高,而当煤价低迷，煤炭生产企业面临亏损阶段时，生产企业参与热情更高。另外，民营和股份制企业由于体制灵活，参与数量较多。央企、国有企业参与套期保值审批流程批复较慢，参与数量正在缓慢增加。动力煤上市一年以来贸易商和投机者的数量发展最快。

按参与动力煤期货目的不同，交易者可分为两类：一类是套期保值者，以稳定收益为目的的生产者、贸易或终端需求者，通过同时在期、现货市场进行头寸相反的操作进行对冲，达到以盈补亏，以求预期收益稳定的目的。动力煤生产企业和贸易企业中参与套期保值的企业很多。2014 年，神华、中煤、兖州煤业等上市公司公告参与套期保值业务，贸易商中瑞茂通为代表的大型煤炭贸易企业也在套期保值及交割领域做了大量的尝试。

另一类是以营利为目的的投机者，主要通过低买高卖、高卖低买的活动赚取利润，这些投机者部分是具有丰富经验、熟悉市场的专业人员，可以从事私募基金或成立投资公司，实力雄厚，资金量较大。还有资金量较小的个人散户投资者，很多都是从事煤炭生产、加工、电厂、贸易企业的从业人员。这些投机者对现货市场行情有充分了解，期望在期货市场上博取差价利益，并承担一定风险。

参与期货市场的投机者，主要归纳为四种类型。

（一）以买进或卖出区分：多头和空头投机者

根据投资者对未来价格预测而定。当他们预测价格上升时，就会买进合约，期望将来高价卖出；当他们预测价格下跌时，就会卖出合约，期望将来低价买进。利润和其预测价格变动准确程度成正比。空头投机者与多头投机者获利与亏损机会均等，同时两者身份会随着对行情变动方向的判定不同而转换。

（二）以投机规模区分：职业投机者和一般投机者

一般来说，大投机者是在交易所拥有会员资格的职业投机者，但也包括通过期货公司交易活跃的一般投机者。随着获取市场信息成本的逐步降低，小的投机者专业性也有明显提升，但从研发资金投入、技术分析和资金管理等方面与大的机构尚有一定距离。

（三）以预测价格方式区分：基本面投机者和技术指导投机者

在期货市场上有两种交易者：一种是依靠基本面分析方法预测价格走势来指导投机交易；另一种是以技术分析方法预测来指导投机行为。这两类交易者通过不同的分析方法或形成一致观点、或形成相反观点，但殊途同归，目的是为了预测价格。

（四）以交易态度区分：长线交易者和短线交易者

一种是长线交易的投机者，持有几天、几周或几个月，这是一般期货交易者应用的技巧；另一种是短线交易者，一般是专业投机者或机构投资者，程序化交易比较多，一般情况下，他们的交易频率高，每笔利润相对较小，积少成多。

 二、如何通过技术分析进行动力煤期货交易？

期货市场的主要分析方法有基本面分析和技术分析。技术分析的主要理论依据是：（1）市场行为反映一切。所有能够影响到商品价格的因素——供求的、政治的、社会的、心理的都已经包含在价格里面。（2）价格呈趋势变动。期货价格的变动有其自身的规律，并按原来的方向惯性运行。（3）历史重演或人性不变。尽管经济环境和市场规则会发生变化，但社会活动的主角——人的本性是不会发生变化的。因此未来的事物只是历史某种形式的翻版。

技术面的成功是以不断试错为基础的，对价格的中长期走势不能够先知先觉，但对期货价格的持续、突破、反转信号有经验性的认识；对价格涨跌幅度判断只能停留在经验层面的预测，但在具体操作的入场方面比基本面分析更精确。总之技术分析的最大优点是：同市场较接近，考虑问题较客观。

（一）动力煤期货上市后的趋势特征

动力煤期货上市以后的一年里，道氏理论中的趋势特征获得了很好的验证。以 TC1501 为例，在 2014 年 4 月 24 日阶段性见顶之后，呈现趋势性下跌，时间周期为 13 周。这一下跌阶段并非直线下跌，而是呈现出下跌反弹、再下跌的趋势形态。

下跌过程中每次反弹持续的时间较短，而反弹后的下跌时间较长。反弹高点不会超过前期的高点，而反弹后的下跌却创出新低。在下跌过程中，自然而然地形成了下跌趋势线，并且在趋势逆转前成为一直有效的压力线（见图 6 - 1）。

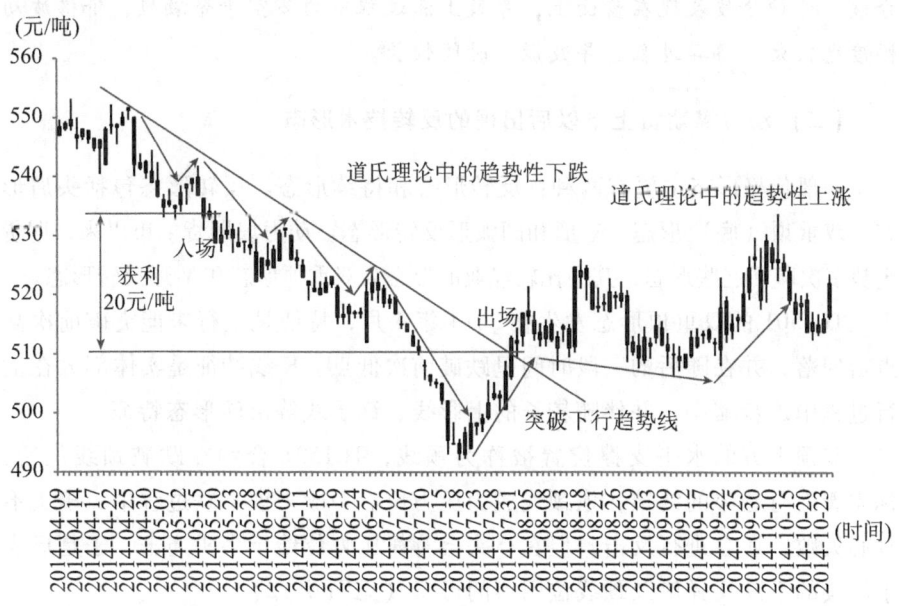

图 6 - 1　TC1501 的趋势特征

下行趋势线在被反弹突破后终结。从技术角度讲，下行趋势线被突破以前，还不能认定趋势已经终结。但是在 7 月 31 日 TC1501 合约价格强势突破下行趋势线之后，反弹可视为终结。

> **例 6-1**

利用趋势理论进行动力煤交易

小王是趋势交易者,动力煤期货上市以来一直关注其走势,2014 年 5 月 20 日,TC1501 向下突破前低后,小王认为下行趋势已经形成,于是入场做空。此轮下跌一直延续到 2014 年 7 月 31 日。TC1501 合约价格强势突破下行趋势线以后,小王认为趋势终结,于是平仓了结出场。小王入场价格 532 元/吨,出场价格为 512 元/吨。此轮下跌过程小王获利 20 元/吨。

动力煤的上涨趋势表现得不如下跌趋势顺畅。上涨过程中,调整时间长,波动也相对剧烈。在产能过剩的背景下,多空双方对于反弹的预期存在分歧。这种分歧表现在盘面上,导致上涨过程中多空争夺激烈,价格波动幅度也较大。博弈过程也导致调整时间较长。

(二) 动力煤期货上市以后出现的反转技术形态

一般价格形态主要有两种:反转形态和持续形态。反转形态包括头肩形态、双重顶(底)形态、V 形和圆弧形反转形态。动力煤期货上市以来,期货走势多次印证这些形态,其中比较经典的形态为双重顶形态和 V 形反转形态。

TC1501 的双重顶形态发生在 2014 年 4 月,特征是上行未能突破前次高点后回落,并在随后的一段时间里跌破前次低点。K 线特征是实体部分在上行过程中逐步缩小,并伴随较长的上影线、锤子线等反转形态特征。

双顶下方的水平支撑位置被称为颈线,TC1501 合约在跌破颈线位后,标志着上行趋势的终结,该颈线成为压力位。一般来说下跌过程中,多头不甘心失败,还会进行反击,但在空头会背靠压力位给予多头痛击,于是形成了经典的下跌反弹触及颈线位回落的形态(见图 6-2)。

TC1501 的 V 形底形态发生在 2014 年 7 月中下旬。在 6 月下旬至 7 月上旬,动力煤期货价格出现了加速下跌的情况,甚至跌破了原有的下行通道下轨。随后 K 线形态出现了长下影线、实体部分缩小等迹象,甚至出现了流星这样的反转形态,随后一根阳线吞没形态彻底改变了原有的运行趋势,开始了一波大的反弹。直到 8 月初,反弹突破原有的下行趋势线后,正式确立为反转形态。

图 6－2　TC1501 合约的双顶形态及 V 形底形态

例 6－2

趋势理论动力煤交易的优化

在 6－1 的例子里，小王的入场时机可以通过形态理论进行优化。早在 2014 年 5 月 14 日，当价格跌破双顶颈线位置，出现反弹后，小王就可以尝试做空，入场位置在颈线压力位附近。此时下行趋势尚未完全形成，但下行的概率增加，小王可在 538 元/吨附近尝试逢高做空。若此压力位做空成功，则小王的获利可增加至 26 元/吨。

（三）动力煤期货上市以后出现的持续技术形态

持续形态包括三角形、旗形、楔形及矩形等，在动力煤期货运行一年以来，多次形成中继形态，价格随后都是按照原来的方向继续运行。

动力煤上市一年的时间里，持续形态多见于上涨趋势中。旗形整理出现了两次。2013 年 10 月的 TC1401 合约及 2014 年 8 月的 TC1501 合约中出现了惊人相似的两次旗形整理形态。所不同的是 TC1401 合约随后出现了大幅度上涨，而 TC1501 合约跟随着一个小幅上涨，随后又出现了一个三角形整理。

这中间的缘由恐怕只有基本面研究人员才能解释清楚。动力煤期货上市是在煤炭产能过剩的大背景下发生的，参与市场的交易者几乎都清楚这一背景，这就形成了动力煤上涨过程中，投资者做空预期不断加强，逢高做空阻碍价格上行。于是就形成了两次旗形整理。发生在 2013 年冬储期间动力煤的上涨是下游用户未预料到的，由于运输瓶颈等原因，上涨时间长、幅度大也超出了多数投资者的预期。而 2014 年同期，下游用户提前储备导致下游库存饱满，价格上涨预期远不及 2013 年强烈，做空投资者预期也较 2013 年强，因此上涨持续形态较多（见图 6-3）。

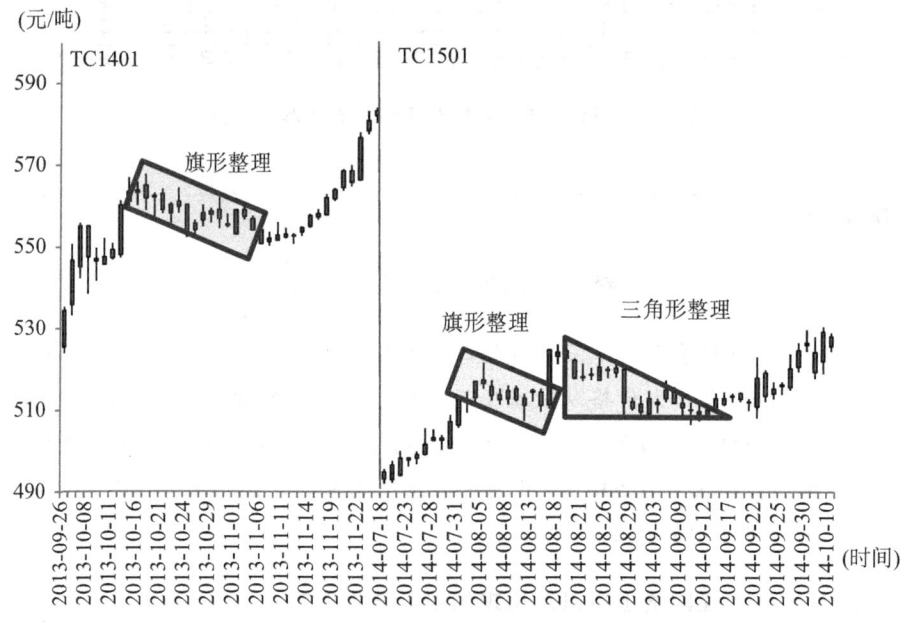

图 6-3　2013 年 11 月动力煤在上升行情中旗形整理

（四）通过价量仓关系分析动力煤走势

成交量是重要的人气指标，价格出现单边趋势时，成交量放大，表明市场认同强度高，参与迫切；相反，成交量萎缩，表明市场参与热情下降，一般在不成熟品种、非主力合约及行情末尾时较易发生。若在形态分析中结合量仓分析，将对形态分析形成验证，可以较好地判断行情发展处于哪种阶段。

2013年11月初，动力煤期货指数处于550~570元/吨区间窄幅波动，成交量仅有6万~7万手，但随着基本面好转，动力煤技术上形成向上突破，11月22日，动力煤单日价格上涨2.48%，成交量增加12.8万手，持仓量增加16 500手，增长24%。成交量和持仓量随价格的上涨而增加，表明新入市开仓数量增加，市场吸引力提高，同时价格大幅上升，表明多头主动吸纳。这种走势后期仍有持续的动能，表明趋势仍会延续，在这种情况下做多的安全性较高（见图6-4）。

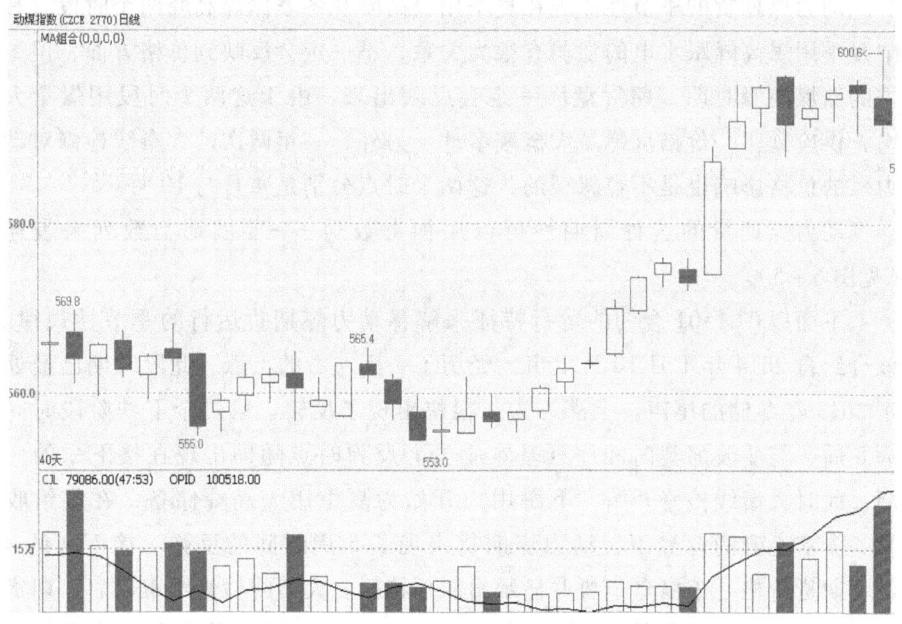

图6-4　2013年11~12月动力煤指数量价关系

三、如何利用时间周期辅助交易？

动力煤期货交易标的与现货贸易主流品种指标相近，期现价差一目了然，这就导致了投机气氛相对较弱，在大多数时间里期现价差接近，不会偏离太远。但是在少数时间里，投资者预期增强，价格发生剧烈波动，投机意愿增强，成交量也急剧放大，风险倍增。从时间窗口上看动力煤期货的运行与现货一致，表现出很强的季节性。

动力煤期货的季节性体现在夏季用煤高峰和冬季储煤高峰两个时段。其中夏季用煤高峰跟水电的强弱有很大关系，不一定会反映到价格方面，但冬季的储煤高峰时期，期货盘面一定会反映出来。由于这两个时段用煤量大增，供应紧张，价格反弹是大概率事件。另外，一年两次的大秦线检修对动力煤的价格影响也是不容忽视的，这两个时点分别是4月与10月。

动力煤期货的这种周期性可以用神奇数列——斐波那契数列来表述（见图6-5）。

下面以TC1501合约的运行特征来解释动力煤期货运行的季节性规律。该合约自2014年1月10日上市，经历了一周左右的上涨。此段时期已经处于2013年冬储的尾声，上涨乏力，很快出现了反转。第二个下跌阶段时间为8周，与斐波那契时间序列基本吻合。反弹时点随即出现在接下来的一周，此时大秦线检修开始，下游用户开始为夏季用煤高峰储备，在供给收缩、需求上升的背景下，动力煤期货出现了5周时间的反弹。接下来的4周，期货价格处于横盘走势并显示出双顶特征。大秦线检修结束以后，期货价格回落，这一过程持续了13周。2014年8月，下游开始为冬储提前筹划，价格出现反弹。随后的5周里价格反弹，3周回调后，煤炭工业协会约谈煤企减产，解决脱困问题，价格继续反弹。随后的冬储过程预计会持续到年底。

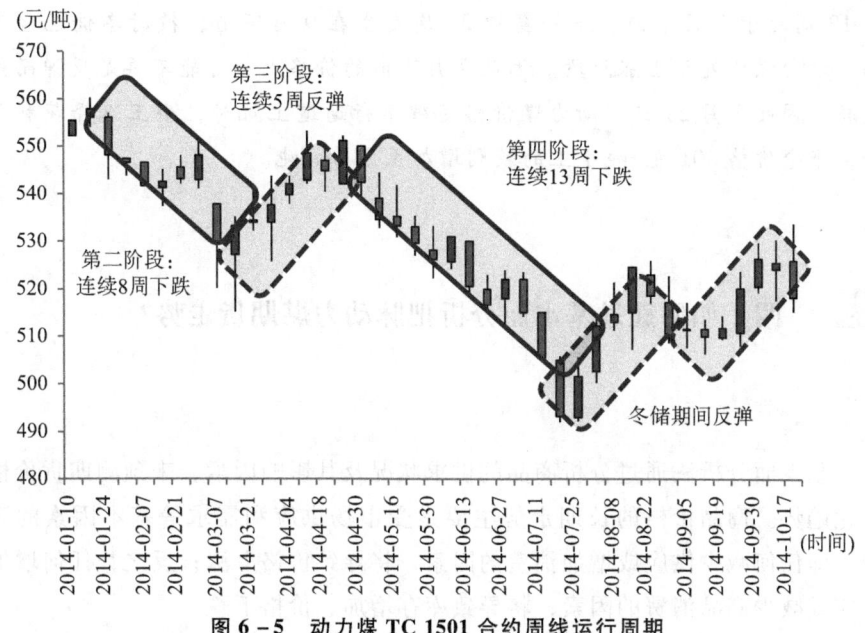

图 6-5 动力煤 TC 1501 合约周线运行周期

资料来源：郑州商品交易所，格林大华期货整理。

> **小贴士**
>
> 斐波那契数列又称黄金分割数列，指的是这样一个数列：1、1、2、3、5、8、13、21……斐波那契数列的特征是数列中某一个数（不包括第一个、第二个）是前两个数的和。就是这样一组数列在动力煤期货的时间窗口判断上起着重要作用。

例 6-3

运用斐波那契时间窗口进行动力煤交易的优化

在例 6-2 中，小王的入场时机可以用斐波那契时间窗口进行优化。

在 2014 年 5 月 14 日，动力煤进入淡季后，小王空单入场，动力煤的阶段性下跌开始了。经历了整个夏季下跌，小王根据斐波那契时间窗口推测在第13周处于7月下旬，下一窗口21周发生在9月下旬，彼时冬储已经开始，动力煤已处于上涨阶段。因此7月下旬的价格上涨可能不再是反弹而是反转。因此7月25日，动力煤价格突破下行通道上轨时，小王选择获利平仓，平仓价格501元/吨小王的获利增加至31元/吨。

四、如何通过基本面分析把脉动力煤期货走势？

基本面分析法通过分析商品的供求状况及其影响因素，来预测期货价格变化趋势。商品价格的长期走势主要是受市场供应和需求等基本因素的影响，即任何减少供应或增加消费的因素，将导致价格上涨；反之，任何增加供应或减少商品消费的因素，将导致库存增加、价格下跌。

基本面的分析方法在本书的第三章已经详细介绍过。基本面分析对于动力煤的短、中、长期价格的变化均可作出方向性的判断，对价格季节性变化也能够有大致的估算。不同周期的价格趋势研判所关注的因素也有所不同，我们分析的主要原则是短周期供需因素对短周期趋势有决定作用，长周期供需因素对长周期趋势有决定作用。基本面分析方法的缺点是价格涨跌的幅度及期货入场点位方面的判断比较模糊。

在第三节我们已经从技术层面对TC1501合约在2014年前三个季度的走势做了阶段性分析。本章将对各个阶段价格运行背后的原因进行深度剖析。

（一）动力煤中长期投机逻辑

动力煤价格自2011年末开始，一直呈现下跌走势。整体上看，2012~2014年，动力煤价格正经历一轮大的调整。究其原因，动力煤产能的集中释放以及社会库存的累计是导致这轮调整的主要原因。图6-6描述了动力煤价格由涨转跌过程中，社会库存是如何变化的。当动力煤社会库存占动力煤消费需求的比例超过100%以后，动力煤价格开始下跌。由于产能的释放是一个累积的过程，而且在释放过程中，价格虽然在下跌，但仍有大量企业处于盈利状态，减产动力并不明显。

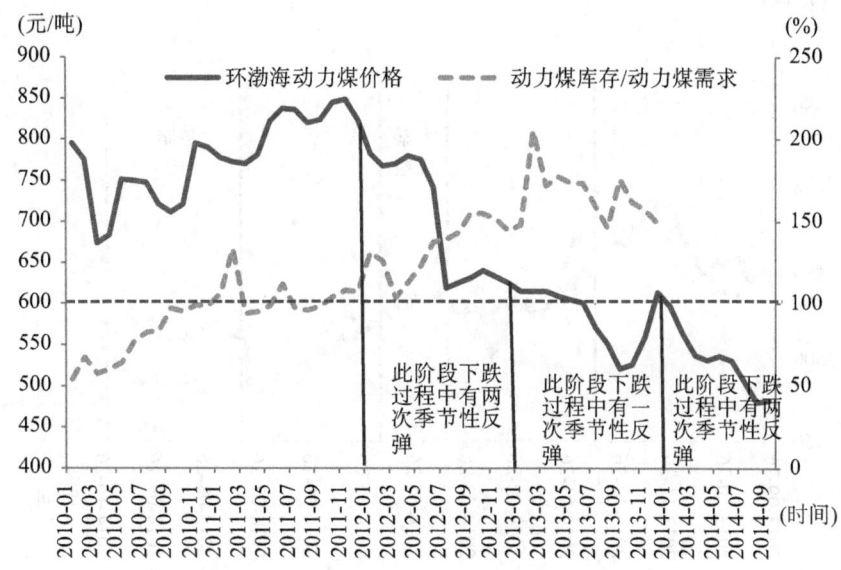

图6-6 动力煤价格与动力煤社会库存走势

资料来源：Wind，格林大华期货整理。

当价格快速下跌到一定水平，煤矿开始亏损并退出市场。随着市场供应量的减少，开始出现去库存过程，在库存未降低到某一水平之前，价格仍然呈下跌趋势。

在三年多的去库存过程中，价格并非一路下跌。在每一年下跌过程中，经历相似的一至两轮反弹。一次发生在大秦线检修期间，另一次发生在冬储期间。2013年大秦线检修期间，下游并未补库存，但冬储期间却迎来一轮强烈的反弹，短期吞没了全年的跌幅。

动力煤期货上市以后完全反映了现货市场的趋势。2014年动力煤现货价格仍处于下跌的大趋势中，只经历了4月大秦线检修期间的短暂反弹，以及冬储期间的一轮较为强劲的反弹。期货市场前三季度也是以下跌为主，间或有短暂的反弹，与现货走势相同。第四季度在冬储及减产保价措施的预期下，动力煤价格反弹，整体趋势与前两年相似（见图6-7）。

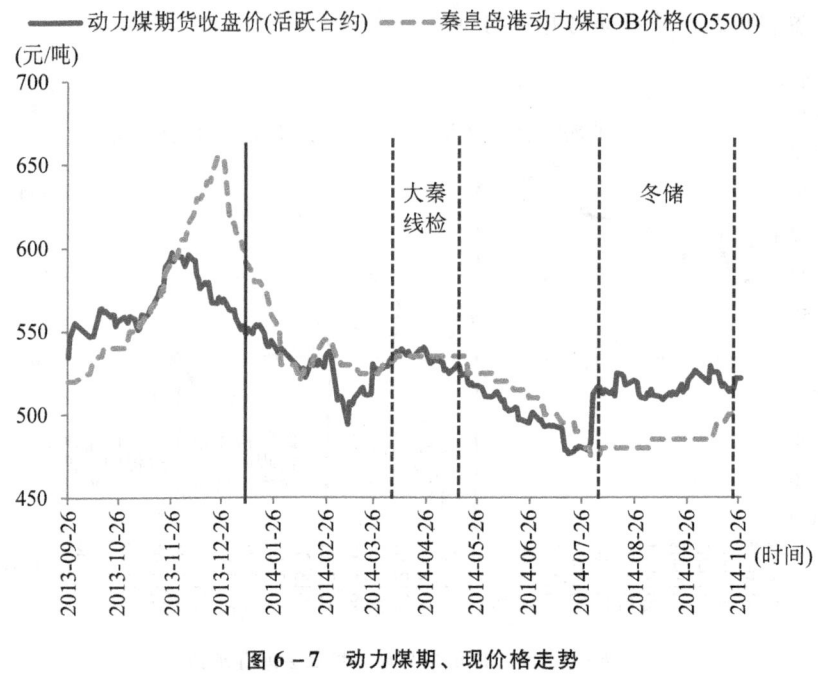

图 6－7　动力煤期、现价格走势

资料来源：Wind，格林大华期货。

至此，第三节中根据斐波那契时间窗口划分的动力煤运行的每一个阶段都可以从基本面找到原因。前三季度的下跌趋势中嵌套一波反弹行情与现货的节奏完全相同，第四季度的反弹也在预料之中。

例 6－4

根据基本面分析进行择时交易

在了解动力煤现货基本面情况后，例 6－1 中操作的时机选择就绝非偶然了。由于每年大秦线检修期间动力煤价格是否会上涨具有不确定性，因此，在逢高做空的大逻辑下，选择在大秦线检修接近尾声时期介入是不错的选择。技术形态上，动力煤双顶的出现在意料之中，时间上也与大秦线检修时间契合，做空胜算更大。

根据过去两年第四季度反弹的经验，动力煤的退出时机应选择在第四季度开始以前,但具体时点很难单纯从供需判断,比较困难,基本面的一些信号对我们选择退出的时机还是很有帮助的。

(二) 动力煤短期投机逻辑——2014年3月走势分析

动力煤短期投机逻辑依然建立在供需分析基础,只不过关注的焦点集中在港口,收集数据以高频数据为主。以2014年3月动力煤走势为例,供应方面重点关注"三西"地区产量变化,而需求方面重点主要观察沿海六大发电集团的日耗数据。供需对比的结果则关注秦皇岛港库存,由此可以判断港口价格及动力煤期货的短期走势。

1. 短期需求改善。每年3月是用电小高峰,春节过后工业用电逐步恢复,水电尚未发力,用电需求会有明显提升。六大发电集团监测数据显示:2014年3月,电厂日耗已经恢复到70万吨水平,1~3月平均日耗64万吨,同比增长7.8%,后期继续上升,预期良好(见图6-8)。

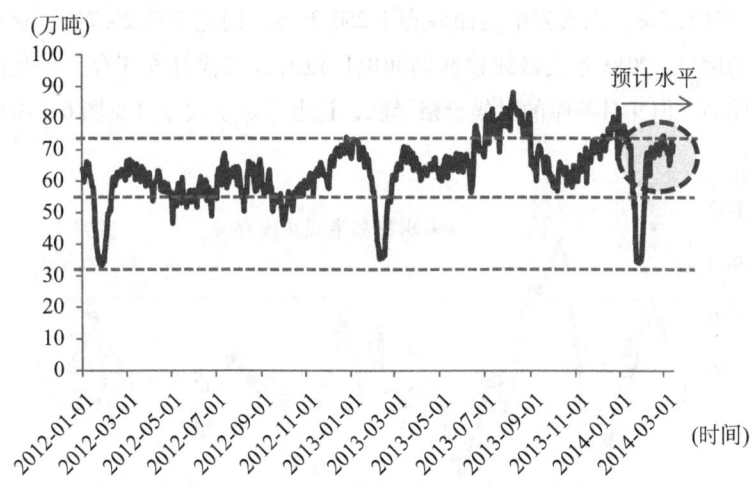

图6-8 六大发电集团日耗

2. 短期供给恢复速度弱于2013年同期。由于2014年3月价格偏低,部分煤矿春节后没有开工,1~3月平均日产量213.5万吨,较2013年同期增长4.3%,弱于需求增速(见图6-9)。

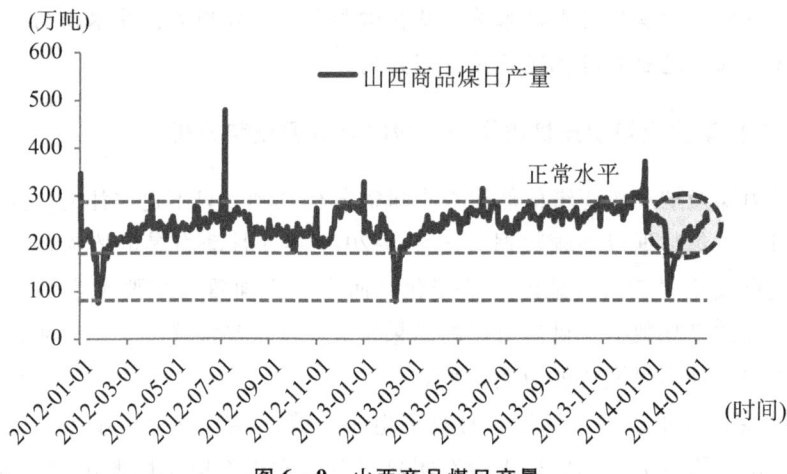

图6-9 山西商品煤日产量

会不会因为库存高所以导致产量增速不及需求增速呢？高频监测数据显示，秦皇岛库存在春节放假期间触及高点后回落。2014年3月14日库存比2013年同期下跌8.7%。六大发电集团库存1 250万吨，同比下跌26.7%。这是一个很强烈的信号，2013年大秦线检修期间电厂没有大规模补充库存，也是因为库存水平偏高。但9月补库的时候价格暴涨，让电厂吃了大亏（见图6-10）。

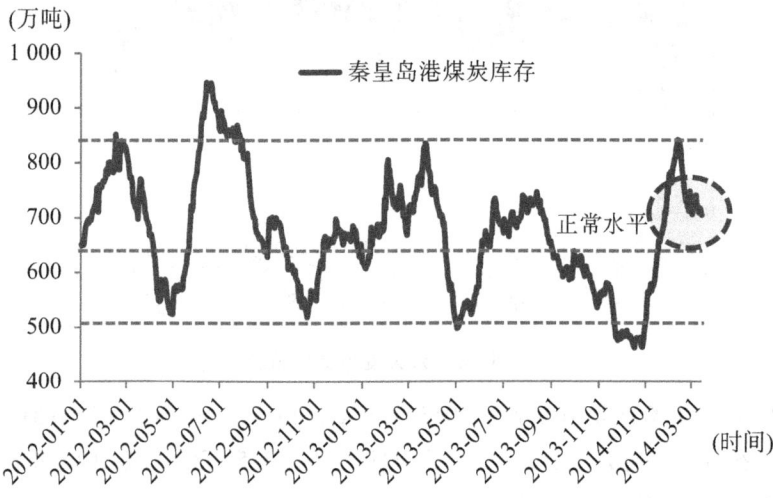

图6-10 秦皇岛港煤炭库存

此时的价格会不会是电厂决定补库存的重要动因呢？神华自2014年3月3日下调市场煤价格以后，长协客户拿到的价格已经是530元/吨，与2013年9月低点相同。下游电厂接受调研时纷纷表示价格可能跌到了底部，表示愿意采购补库存。

下游是否真的在补库存？从港口锚地和预到船只数量判断，下游真的在行动。秦皇岛港船舶数量在2014年2月见底之后，走出震荡反弹的趋势，尽管期货价格尚未反弹，但市场情绪已经发生了转变。不久之后动力煤期现价格开始反弹（见图6-11）。

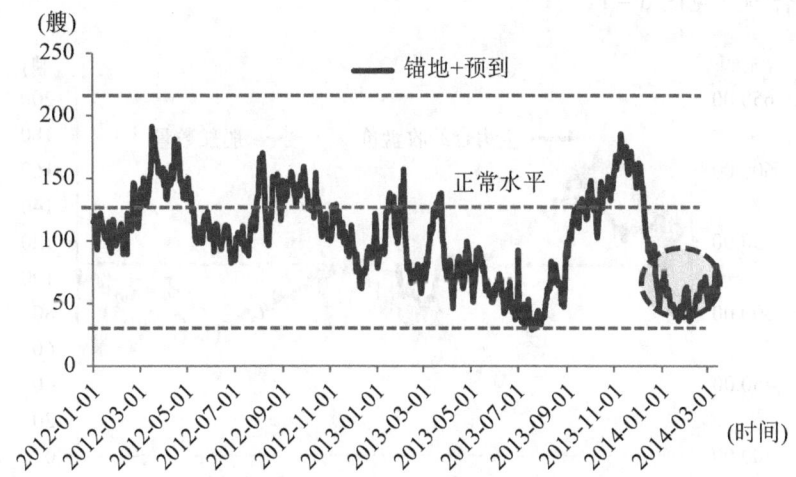

图6-11 秦皇岛港锚地和预到船舶数量

在这次短期分析过程中，供应需求反映到价格上也不是即时的，是经过供应由上游向下游传导，需求从下游向上游传导的过程。最终作用的结果是库存如何变化，是一个量变到质变的过程。从整个市场对这个结果的理解发生改变到付诸行动，就是价格发生变动的时点。船舶数量的变化最终暴露了市场参与者的想法，那么船舶数量与期货价格到底有什么关系呢？请继续阅读下面的章节。

五、为什么港口船舶数量与动力煤主力合约的走势一致?

动力煤期货的一个有趣现象就是主力合约与港口船舶数量走势基本一致。甚至有的时候,船舶数量的走势还能够提前预测出主力合约的走势,这是巧合吗(见图6-12)?

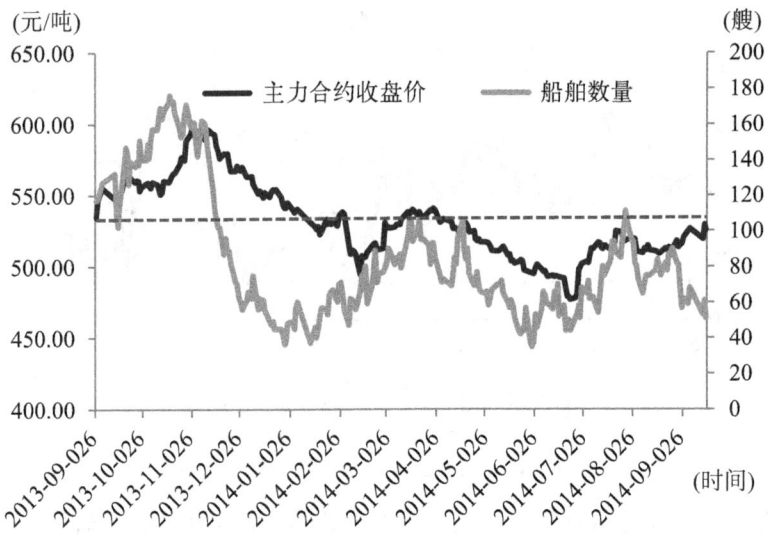

图6-12 动力煤主力合约与秦皇岛港船舶数量

资料来源:Wind,格林大华期货整理。

从动力煤期货的参与者不难看出答案。动力煤的参与者以贸易商居多,生产企业和企业从业人员的数量也占相当比例。这些参与者对现货运行的特点非常熟悉,得益于长期从事贸易的敏锐直觉。他们判断价格通常有三个主要指标:港口库存、港口船舶数量以及海运费。港口库存上升,煤炭销售困难,则价格下降;而港口库存下降,现货紧缺,则价格上涨。在此之前,港口船舶数量率先做出反应。当下游需求好转,用户需要进行补库存,必然要派船北上拉煤，随着船舶数量的增多，港口装运加快，库存才开始下降；当下游用户库存饱满，采购需求下降，派船数量减少，港口装运减慢，库存开始上升。随着派船数量的上升，船东船期趋紧，海运费也开始上涨；而派船数量下降，船东船期宽松，海运费也下降。由此可见，在海运费和库存上涨之前，船舶数量已经上涨了一段时间。

动力煤贸易的参与者都知道，在船舶数量增加的初期，数量变化并不明显，即便是专业的分析人员也不易在数量波动中看出上涨的苗头。当船舶数量上升趋势形成以后，市场参与者才发现需求量明显回升。此时，这部分交易者涌入动力煤市场做多，期货价格先于现货上涨。其涨幅也远比现货价格高，2013年大秦线检修期间，动力煤现货价格仅涨了5元/吨，但期货价格上涨了15元/吨。同样在现货下跌之前，船舶数量和期货价格也先后回落，充分表现出期货的价格发现功能。

六、特殊事件对动力煤期货价格有什么影响？

特殊事件对动力煤期货的影响通常是短暂的，但是有些会造成剧烈波动，对交易和持仓产生不利影响。

以TC1501合约为例，2014年两个主要的跳空缺口发生在央企神华的调价行为上。第一个是2014年3月3日，神华宣布下调市场价格20元/吨。周一开盘后，动力煤期货直接跳空低开后，迅速跌停。从技术面角度讲，原本走出的圆弧底反弹形态，突然终结，给纯技术面投资者以沉重打击。很多行业内专家表示，神华的这次调价十分意外，但在此之前，黄骅港的库存已经爆满造成销售不畅的局面，为了保证销售任务的完成，神华调价促销的措施是可以预期的。

第二个连续跳空缺口发生在2014年7月。神华发布消息，市场煤报价按照秦皇岛煤炭报价最低价下浮5元/吨进行销售。消息发布后，TC1501合约出现连续跳空暴跌，甚至跌破短期的下行趋势线。这一次发生在动力煤消费旺季。2014年的夏季气温较低，雨水却异常充沛，同时4月份大秦线检修期间,下游电厂大量囤煤导致库存饱满,消化压力巨大。很快传到了上游企业,神华再次面临去库存压力,只能选择降价销售。

神华两次降价后,市场都出现了企稳并反弹。第一次发生在大秦线检修前夕。大幅降价打乱了贸易商的运作计划,导致大量亏损无法卖出,供应量短期无法恢复。接下来的大秦线检修导致港口供应量减少,同时下游电厂开始为夏季存煤,价格出现持续的反弹。第二次则发生在秋季补库存前期。此次神华的半年销售与年度计划相去甚远,于是神华出台滚动降价措施以增加销量。第二次降价对市场的冲击更加明显。降价前很多矿井仅有 5 元/吨的销售利润,而降价以后,很多矿井直接停产,环渤海地区调入量急剧减少。此时下游用户已经腾挪出一定的库存空间,加之冬储的临近,为防止冬季煤价大幅度上涨,也加大了采购力度。受此影响,期货价格出现了大幅反弹(见图 6-13)。

图 6-13 神华下调价格对动力煤期货的影响

资料来源:Wind,格林大华期货整理。

七、动力煤的套利机会是如何产生的？

由于产业链的下游品种没上市，动力煤上市一年的时间里，没有跨品种套利机会。套利的机会主要发生在不同月份的期货合约。

动力煤活跃的三个合约——1月、5月、9月在时间跨度上恰好经历几个季节性波动周期：旺季夏季用电高峰和冬储用煤高峰。

夏季用电高峰源自工业用电与居民商户用电高峰的叠加，夏季高温时期空调的广泛使用及工厂生产及降温措施通常是夏季耗电的主要因素，由于中国主要发电来源于火电，因此7、8月也是煤炭需求旺盛的季节。

冬储用煤高峰主要源自冬季取暖用煤的增加及春节放假的生产安排。进入冬季以后取暖用煤需求增加，在北方，都有冬季屯煤的习惯。每年2月前后，多数煤矿安排放假，即使生产也考虑到安全性问题而减少产量，港口作业几乎停滞。通常进入10月冬储活动就开始了，一直持续到12月底，旺季就结束了。

穿插在两个旺季之间是淡季，通常用煤下降，港口船只数量较少，价格也进入低谷。

动力煤的三个活跃合约——1、5、9月合约，交割期处于一个旺季——1月和两个淡季5月和9月之间。随着交割期的临近，旺季合约价格贴近现货，而淡季合约价格下跌，价差逐渐拉开，形成独特的套利机会。图6-14显示临近旺季合约和淡季合约价差逐渐放大，形成套利机会。但流动性逐渐降低，可以考虑交割月前一个月底平仓了结。

那么套利的空间有多大呢？从TC1405合约和TC1401合约的价格变动历史数据看，价差真正开始拉大始于2013年12月，当月价差拉大到27元/吨，进入2014年1月后价差最大达到36元/吨，但是，非机构客户被交易所要求强制平仓，成交量萎缩，市场流动性下降。因此操作空间在30元/吨附近比较合理。

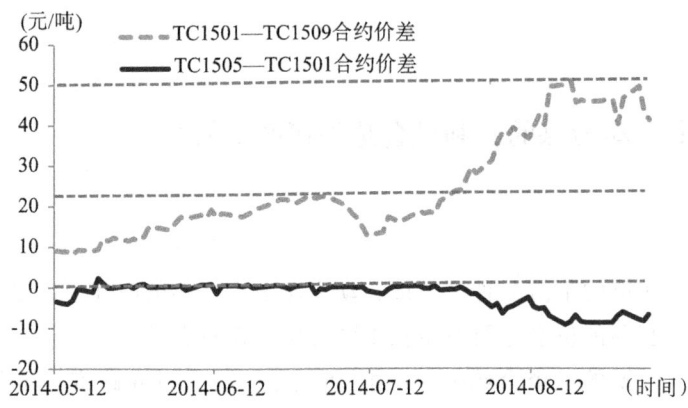

图 6–14 旺季合约和淡季合约价差

纵观两合约价差变动情况，最大回撤在 10 元/吨，发生在价差急剧扩大期间。多数在 5 元/吨附近，因此套利具备一定的可行性。

那么动力煤是否有蝶式套利的机会呢？从理论上，1 月旺季合约和 5 月、9 月淡季合约之间存在蝶式套利可能。但实际上，在动力煤期货上市一年时间里，这三个合约中始终有一个合约成交量小，不能满足流动性需求，因此蝶式套利的机会不存在（见图 6–15）。

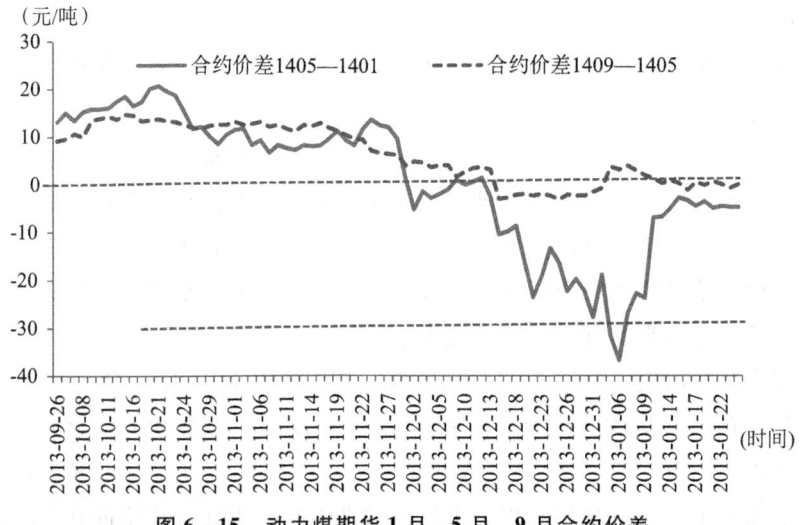

图 6–15 动力煤期货 1 月、5 月、9 月合约价差

八、如何建立正确的投机理念？

> **小故事**
>
> **设定你的投机目标**
>
> 小李是一个刚从大学毕业的学生，在大城市工作，经济压力很大，一次偶然的机会听到一个介绍期货的金融类讲座。他突然发现期货市场是一个"一本万利"的地方，有可能"一夜暴富"。为了快速积累财富，小李拿5万元开了户，在没有任何专业人员指导下开始了操作，但"追梦"道路并非平坦，他发现不仅没有快速致富，反而在快速亏损。在没有办法的情况下，他想到还是找专业的老师咨询一番。
>
> 老师：我能帮你些什么忙？
>
> 小李：我觉得我的交易结果没上轨道。
>
> 老师：什么是"没上轨道"？
>
> 小李：我对我交易持续亏损的结果不满意。
>
> 老师：你今年在市场中的交易目标是什么？
>
> 小李：哦，我其实并没有什么目标，当然是钱赚得越多越好了。如果非要有个目标，我想买一辆汽车，方便上班。
>
> 老师：那你想要的车大概是什么价位呢？什么时候想买这辆车？
>
> 小李：我想要一辆15万元左右的车，到年底吧。
>
> 老师：好的，你的交易账户有多少钱？
>
> 小李：大约有5万元。
>
> 老师：那就是说，你想在6个月内回报300%，相当于每年900%的回报率？
>
> 小李：我没有想过……

老师：那么你能承受的亏损是多少？你能承受一半资金的损失么？

小李：不能，这好像损失太大了。

老师：那么你能承受25%的损失么？

小李：嗯，20%还是可以的吧！

老师：那么你的意思是6个月的风险回报率要达到1:15，也就是说1元钱的损失要拿到15元的回报。你听说周围哪个高手可以每年保持9倍的盈利？或听过哪种交易方法可以达到么？

小李：噢，好像没有。

这个市场中的投资者好多不能客观地根据自身情况来制定自己的交易目标。抱着不切实际的期望和一夜暴富的美梦，却发现这些期望是难以实现的。所以，在树立正确的投机理念之前，先要设定合理的目标，脚踏实地，努力进步，最终达到合理的投资回报比。

如果投资者已经能够认识到自身的局限性，接下来就需要选择一个有用的并且适合自己的理念。只有对适合自己的交易理念理解越深，知道在何种市场条件下运用，那么期货投资成功的概率也就越大。以下列举了几种常见的交易理念，可以从中选择适合自己的，或根据自己的情况建立自己的投资理念。

（一）走势跟踪型

很多成功的投资者可以被纳入"走势跟踪"的群体。简单来讲就是根据市场价格变动而改变操作策略。如果价格走势方向转变，投机者也会很快转变投机方向。走势跟踪的优点是不会错过市场中任何一次较大波动，当赶上一波趋势行情时，将会收获丰厚；缺点是很难探测到反转信号和反弹信号的区别，当处于区间震荡行情时，有可能发生双向打击的情况。

例6-5

K先生的动力煤走势跟踪系统

K先生是走势跟踪型选手，他总是等待趋势改变的信号出现时，果断进行顺势操作。重点就在于寻找到一个有意义的指标界定趋势的改变，K先生的指标就是两根均线,他认为当短周期均线上(下)穿长周期均线时,价格趋势可能发生改变,也就是他平掉老仓,开立新仓的指标。

图 6-16 就是 K 先生在动力煤期货上的两次操作。2014 年 1 月 6 日,当动力煤指数 20 日均线下穿 60 日均线时,K 先生认为下跌趋势确立,当天开空 TC1405 合约 10 手,价位 558 元/吨,持续持仓至 4 月初。由于 5 月合约马上进入交割,流动性变差,K 先生选择兑现利润,平仓价位 518 元/吨,盈利 40 元/吨。另一次操作,2014 年 9 月 29 日,20 日均线上传 60 日均线发出做多信号,K 先生在 TC1501 合约上建仓 10 手动力煤多单,价位为 521 元/吨,目前还处于持仓中。但 K 先生已经提前做好计划,等待 20 日均线下穿 60 日均线时就是出场的时机,若价格持续上涨至交割月,将在交割月前一个月择机平仓(见图 6-16)。

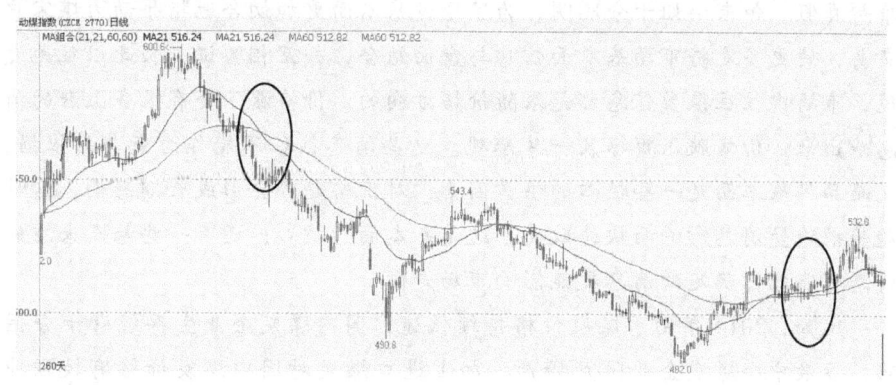

图 6-16 K 先生的动力煤走势跟踪系统

总结:走势跟踪对新交易商和投资者来说可能是最易于理解和使用的技术之一,指标期限越长,总交易成本对利润的影响就会越小。短期模型一般都需要一段比较艰难的阶段来克服更多交易带来的成本。如果走势跟踪适合投资者的个性和需要,那么就试一试。

(二)基本面跟踪型

市场中有很多行业专业研究员利用基本面分析方法撰写报告,但基本面与当下的交易结合是非常不容易的。理论上,当下的价格已经反映当下的基本面,而期货交易的是未来价格走势的预期,那么就需要研究未来的供需关系。虽然基本面分析需要更多的时间投入和信息分析，但基本面在确定价格目标方面明显优于技术分析。好的基本面分析可以帮助投资者近似确定价格走向和空间。当然基本面分析与交易结合时也有一定的局限性，它很难告诉你价格什么时候开始启动。

例6-6

朱小姐的基本面分析法：消息和基本面分析不是一回事

朱小姐是某期货公司动力煤研发人员，自动力煤上市后就持续关注这个品种。每天都会搜集很多基本面信息，比如宏观经济数据、神华价格调整、港口库存变化、电厂对动力煤价格的态度等等。每天都有无数的信息，并且难辨真假。但朱小姐十分聪明，为了通过基本面更加切合地指导动力煤客户交易，她更多地将市场基本面信息与盘面结合，并互相验证。长此以往她发现，市场中往往很多信息都是跟随价格方向的，价格涨了会有很多上涨的消息跑出来，价格跌了市场又一片悲观。这些消息往往不能作为交易的依据，反而品种基本面是一些核心的供需因素，对价格趋势会形成长期影响，这种趋势很难受消息影响而快速改变，这是基本面的核心；还有一些悬而未决的消息可能比已确定的消息更能影响市场走向。

比如，2014年由于煤炭价格持续低迷，国内煤炭企业生存经营十分困难，多数中小煤炭企业限产停产，加上进口煤炭对国内煤炭价格有较强冲击，国家对煤炭企业生存状态十分关注。2014年8月21日，由张高丽副总理主持召开关于研究煤炭企业脱困促进煤炭企业平稳发展的专题会议，内容包括适当限制产能、加速关闭落后产能、改进国有企业考核指标、控制进口及调整关税等利好政策等。这是首次提到将可能提高进口关税，市场预期对煤炭市场将形成利好，价格随后继续上扬，直到10月9日，国务院关税税则委员会发布消息公布煤炭恢复3%~5%的税率，为期2个月的炒作最终落地，期货价格冲高回落（见图6-17）。

朱小姐认为消息不能指导交易，需要更进一步分析内在逻辑，才能推导出未来对市场价格的影响。所以，不管对消息还是市场分析报告，都需要谨慎运用。

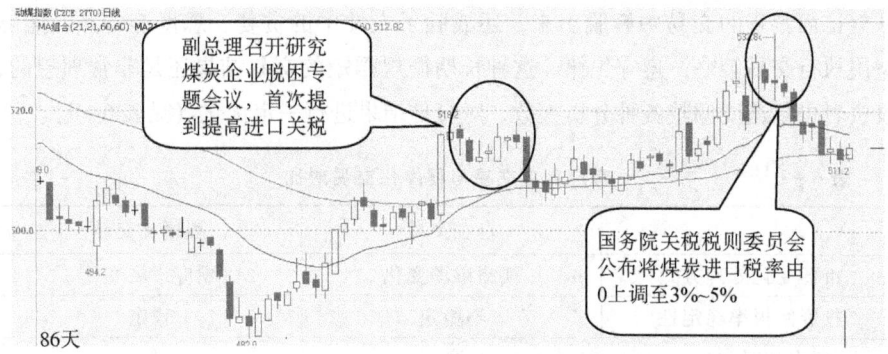

图 6-17 消息面对期货价格的影响

总结：市场中散布着很多毫无意义且具有干扰作用的信息，以基本面法进行交易的投资者需要有一定的独立思考能力及甄别信息的能力，对品种的深入了解是基础，所以对基本面跟踪型的投资者有更高的专业要求，但经过长期训练，用基本面法进行交易将会造就期货市场的"常青藤"，而基本面法交易者往往适于中长线的投资风格。

（三）套利跟踪型

市场总是在不停波动。有很多原因会造成市场对某些消息过度反应，从而形成明显的偏差。部分投资者由于善于发现不同市场、不同周期及不同品种间关系的变化规律，容易把握这些套利机会。一般情况下，套利机会是相对确定并且风险可控的，对于那些稳健且风险偏好较低的投资者可能是不错的选择。长期进行套利操作将会形成自己固有的期货投资系统。

套利究其本质，是通过自己的力量纠正那些无效和错误的市场。套利者的成功取决于他付出的辛苦。那些对市场敏感且关注多个投资渠道的投资者，可以多多寻找此类机会。

（四）程序化跟踪型

很多刚入门的投资者会有这样一些困惑：学习交易技巧漫长而辛苦，平时工作忙没时间关注盘面变化，觉得期货投资比较难。程序化跟踪型帮助投资者解决了这个问题，通过专业投资机构帮助设计客观合理的程序，投资者可以从繁忙而紧张的交易中解脱出来，还战胜了人性中的贪婪、恐惧等弱点，能够坚决执行交易策略，遵守纪律。这种长期循规蹈矩的交易结果还是非常理想的，投资者可以适度调整各种分析参数，对交易结果进行一定优化（见表6-1）。

表6-1　　　　　　　　客户自主交易与程序化交易对比

	自主交易	程序化交易
市场变化处理方式	预测市场变化	顺应市场变化
投资回报率稳定性	不稳定	稳定
精力和时间投入	高	低
专业能力需求	高	中
执行能力	缓慢	快速坚决
决策判断方式	理性与感性并存	理性、可观、信号

拓展阅读

交易成功的关键因素有哪些？

根据相关研究，主要提及三个领域：心理学，资金管理以及策略。大多数人强调策略的多样性和重要性，但没有意识到另外两个主题同样重要，或者更加重要。根据多年来投资者交易经验的总结，交易策略只占10%，资金管理占大约30%，而最重要的却是心理方面的因素，占到60%以上的比重（见图6-18）。

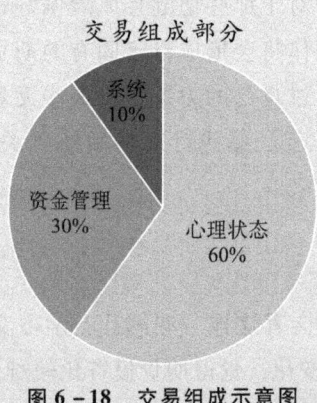

图6-18　交易组成示意图

所以，找到交易成功"精髓"之前，树立正确的投资理念是最基本的一步。而在领悟并完全在交易中很好运用之前，投机者们一般会经历两个阶段：（1）他们需要找到一个人或寻找一种已知确切的方法来告诉他"应该在市场中买进什么或卖出什么"；（2）寻找一个人或一种确切的方法告诉他应该怎么做。如果这两步都没有成功，剩下的少数存活者将会移到下一个阶段，就是把他们置入到一个能够找到适合他们的交易系统的精神状态中。

投机成功的关键就在于发现自己，找到自己。通过不断的自我思考，与市场保持一致，找到一个利润和亏损的平衡点，找到一个适合自己的交易系统。一旦达到了心中这样的一个位置后，就会明白交易的四个关键因素：（1）交易过程；（2）交易研究的过程；（3）进行头寸调整的过程；（4）盈利和亏损时心态调整的过程。在未掌握内心自我挣扎之前，会一直与市场和系统有一个外在挣扎，这是寻找自己成功交易系统的关键。

九、如何制定期货交易计划？

投机方式可以是多样的、复杂的，但并不是仅仅抓住机会就可以实现盈利。期货投机最重要的三方面能力是：行情判断、策略和资金管理、良好的心态。策略和资金管理体现和包含在交易者制定的交易计划中。那么交易计划该如何制定呢？

首先，要明确交易计划要达到的效果。（1）具有预见性。制定交易计划前必须对各种可能出现的情况有清醒的认识，对交易目标、措施、方法有一个科学的设想。（2）具有程序性。在制定交易计划中，先做什么，后做什么，要有周密的安排。执行交易计划需要有阶段性和逻辑性。

其次，需要了解交易计划的具体环节，包括参加哪个市场、使用哪种分析工具、入市条件、风险控制及出入场的条件。

在制定动力煤期货交易计划时,首先需要明确主体是谁?如果是企业,应该结合自身在产业链中所处的位置,当然这属于套期保值的范畴,企业在制定交易计划时,更多的要考虑自身生产情况。如果是动力煤生产企业,考虑的是产品保值,那么以卖出动力煤期货操作为主;如果是下游电厂,考虑的是降低原料成本或原料库存保值增值,那么将以买入动力煤期货操作为主;如果是动力煤贸易商,则以控制动力煤库存数量和价值为主要操作原则,进行买入和卖出操作。由于本章主要介绍投机相关理念和操作,那么重点讨论投机者如何制定动力煤期货交易计划。由于每个交易者自身理念、分析方法及交易周期不同,交易计划的制定也会有所不同。

例6-7

老王制定的动力煤期货交易计划

老王曾经做过动力煤贸易的生意,退休后由于对动力煤基本面规律有一定了解,总是在动力煤主力合约上进行投机操作,两年的操作已经形成自己的操作风格和理念,整体来看盈利能力不错。老王认为自己的成功与自己操作前认真制定并有效执行交易计划有很大的关系,不仅可以有效规避情绪化操作的随意性,还可以理性分析交易计划的有效性,通过不断修正交易思路,能够有效提升自己的操作水平。

2014年7月,老王将交易计划的步骤写下来,并按照顺序逐项写下理由。

1. 参与哪个市场。

对于交易市场、品种、合约的选择,主要是根据投机者自身情况而定。老王认为自己比较了解动力煤产业情况,相对参与其他品种有一定优势;老王资金较为有限,动力煤一手不到1万元,10万元的资金可以参与这个品种;一般活跃合约流动性较好,可以随时开平仓,而且活跃合约价格走势与现货市场更加契合。老王最终确定参与动力煤期货1501合约。

2. 使用哪种分析工具。

由于老王原来做过动力煤贸易现货,对动力煤基本面和季节性规律有一定了解，所以，老王运用基本面分析方法决定市场方向，再结合市场量价关系决定具体价位。

3. 入市条件。

老王认为，基本面分析，7月之前煤炭企业之间价格竞争激烈，煤价快速下滑，供过于求主导市场走势。但7月之后，煤炭价格逐步走稳，海运费触底回升，北方气温较高同时缺水严重，短期对煤炭价格将形成支撑。另外，根据历年煤炭市场经验，每年8月以后电力需求处于高位，9月大秦线检修，10月后将迎来动力煤旺季。老王认为8月动力煤价格将企稳，随后在需求好转后，动力煤价格将形成一波中级反弹。技术方面，7月底TC1501开始增长上行，连续收阳，短期价格有上行动能。老王认为基本面和技术面已经产生共振，目前已经具备入场条件。所以，老王决定做多TC1501，入场价位在500~510元/吨区间。

4. 预估可承受风险。

在投机交易中，需要事前明确投入的资金量和最大可承受风险。老王根据自身情况，认为自己属于趋势投资者，持仓时间一般在1~2个月，所以持仓过程中价格波动可能造成自己资金风险扩大。老王出于稳健考虑，决定把总持仓控制在总资金的30%，开始建仓20%，如果价格回调再加仓10%。所以，10万元初始资金的老王，TC1501合约总持仓约3手。

5. 怎样确定出场条件。

虽然通过理性分析，确定未来将形成反弹做多的机会，但仍然有判断失误及突发事件对行情形成重大影响的可能。老王认为需要明确在判断错误的情况下该怎么办？通过仔细分析，老王认为出场条件有三种：（1）方向判断错误，需要止损。老王认为当价格重新下跌至前期低点下方，那么就算方向判断错误。（2）获得利润却没有达到预期，需要止盈。老王认为价格趋势上涨持有，当价格回调至价格上涨幅度的50%以上，表明市场可能不属于正常回调范围，需要止盈。（3）获得超额利润该如何兑现利润。老王认为当利润翻倍，无论任何情况都会逐步减仓，直至完全平仓。所以，老王决定TC1501价格回调至492元/吨以下，止损离场；当TC1501价格上涨至550元/吨，获利平掉一半仓位；当价格再上涨10元/吨，再平掉1/4仓位；价格上涨至570元/吨，全部平仓。

明确和完成上述工作后,老王画了一张表格,每天对照,等待时机(见表6-2)。

表6-2　　　　　　　　　老王的交易计划

品种选择	TC1501
方向选择	买入
入市条件	基本面与技术面共振,开始建仓。 1. 海运费触底回升; 2. 北方气温较高同时缺水严重,短期对煤炭价格形成支撑; 3. 季节性规律:8月以后电力需求处于高位,9月大秦线检修,10月后将迎来动力煤旺季。 4. 7月底TC1501开始增长上行,连续收阳,短期价格有上行动能。
入市价格	500~510元/吨
仓位	总资金30%,初始仓位20%,获利加仓10%。
出场条件和价位	1. 方向判断错误,490元/吨止损; 2. 上涨后价格回撤50%,止盈; 3. 达成盈利目标,550元/吨,平仓50%;560元/吨,平仓75%;570元/吨,全平。
	耐心等待,坚决执行!

十、期货投机中如何进行资金管理?

资金管理的内容其实在前面章节已经有所涉猎,只是没有系统阐述。一般投资者看到这个概念感到十分陌生,但其实对于期货投机而言,大部分投机者都曾经运用过。比如,开仓时用多少仓位建仓,当价格向有利方向推进时,要如何加仓;当价格向不利方向运行时,该减仓还是全部平仓。不管最终投机是否成功,在实践中都会运用到资金管理方面的内容。

资金管理到底对投机有什么作用?在期货交易中生存是第一位的,而能否生存的关键就是资金管理。在一个风险极高的市场,如果能够做出一系列清醒的决定以保证不被击垮,那么交易已经成功了一半。

简单来说,资金管理包括根据投机者风险偏好选择交易品种、控制总体资金风险、分配风险资金、评估最大亏损和交易次数等内容。

(一) 动力煤适合交易者的类型

通过将动力煤期货与其他煤炭品种焦煤波动率进行对比,投机者可以了解动力煤的波动规律,不同投机者可以根据自己的风险偏好选择不同的品种。从平均波动率来看,动力煤均值在 0.028,焦煤均值为 0.048,也就是说焦煤波动率是动力煤的 1.7 倍;从资金使用效率来讲,动力煤是焦煤的 1.5 倍。对于资金较少的投资者,参与动力煤期货资金使用效率较高;对于日内交易者,焦煤日内波动更加剧烈,利润空间较高。两者综合来看,动力煤比焦煤更适合稳健投资者参与(见表 6-3 和图 6-19、图 6-20)。

表 6-3　　　　　　　　动力煤和焦煤波动率分析

	动力煤	焦煤
历史 HV1（15）均值	0.028	0.048
历史 HV1（15）中值	0.024	0.05
历史 HV1（15）标准差	0.015	0.016
历史 HV1（15）最高	0.067	0.085
历史 HV1（15）最低	0.000	0.000
波动率比值	动力煤:焦煤 = 1:1.7	
动力煤和焦煤资金使用效率		
	动力煤	焦煤
吨价值（期货指数最近 3 个月均值）	516 元/吨	793 元/吨
吨数/手	200 吨	60 吨
保证金比例	5%	5%
保证金/吨	25.8 元/吨	39.65 元/吨
资金使用效率比值	动力煤:焦煤 = 1.5:1	

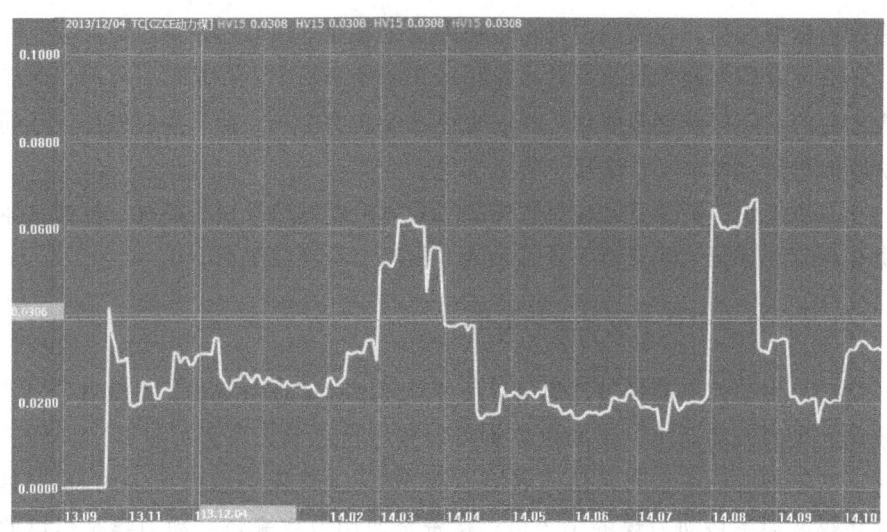

图 6-19 动力煤期货日交易波动率

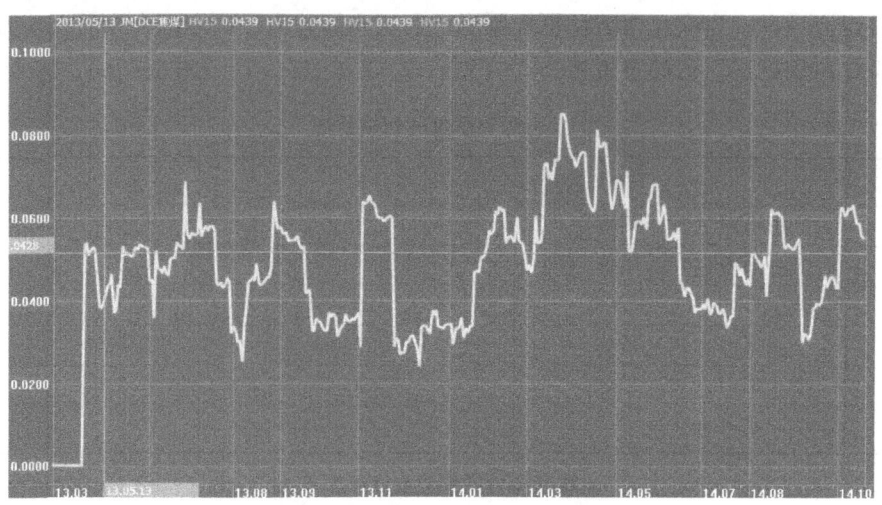

图 6-20 焦煤期货日交易波动率

（二）控制资金分配

首先，由于期货杠杆效应，参与期货投机需要控制总体资金风险。也就是说不能"满仓操作"，容易"爆仓"。一次错误的交易，将对总体资金折损很多，而"元气恢复"需要相当长的时间；另一个极端，如果仅使用 1% 的资金进行交易，虽然走向破产危机的概率小之又小，但获得的收益可能也是微不足道的。一般而言，如果风险偏好越高，交易资金占比会越大。但更好的做法是，如果持仓比较分散，并且正负相关度都较为分散，那么风险级别会降低，总体资金占用比例可以有所放大，比如 60%～80%。当然，也可以进行资金固定比例投资，也就是说每次持仓总量占总资金比例是相对固定的，比如不少投资者会选择 30%～50% 的比例。

其次，总资金分配好以后，需要考虑每一个品种的资金分配比例。比如，评估哪笔交易成功概率高，回报率较大，可以在此项上分配更多的资金。那么如何判断哪笔交易成功率更高呢？其实可以在几个品种建仓初期给予同等的资金，待其中哪个品种走势支持前期判断并且在账户中给予明显的肯定，那么这个品种的投资成功概率就在上升，待合适时机在这个品种上进行加仓就是对风险资金的重新分配，从而将更多的资金放在盈利概率更高的品种上面。

例 6-8

投机客老李动力煤远近月合约资金分配方案

老李参与期货投机多年，对资金管理有自己的一套。老李主要是参与中长期趋势，以突破的方法进场。老李属于风险厌恶型，对仓位控制比较严格。老李总资金在 100 万元左右，一般总持仓不超过总资金量的 30%，单个品种不超过总资金量的 5%。2014 年 4 月 28 日动力煤 TC1409 合约短期突破盘整区间，老李卖出开仓 TC1409 合约 10 手，成交价格 534 元/吨，占总资金 5%。由于进入 7 月 TC1409 合约逐步移仓换月，成交开始下滑，同时远月升水较多，老李认为远月利润更加可观，准备向远月移仓。6 月 26 日，动力煤期货价格反弹，机会来临，老李兑现部分利润，平仓 5 手，成交价 496 元/吨，并在 7 月 1 日在远月 TC1501 合约开空新仓 5 手，成交价格 520 元/吨。此时，动力煤总持仓仍然是 5%，但 TC1409 和 TC1501 合约各持 5 手。2014 年 6 月 28 日，老李平掉 TC1409 合约 5 手，7 月 16 日又平掉 TC1501 合约 5 手，此次交易全部兑现利润。

老李为什么要不断调整动力煤的仓位？如果老李单在TC1409合约上卖出10手合约，并一直持仓至7月，将全部10手平仓，那么整体将盈利12万元；但进入7月后，老李认为移仓换月及远月升水，在趋势向下的情况下，TC1501合约更有卖出的价值，但老李将单品种持仓已经限定在5%，那么只能平掉部分老仓，在远月进行卖出，不仅控制了整体风险，还增加了盈利能力。老李通过仓位调整和控制，共实现盈利12.8万元，比第一种方式增加了8 000元的收入。

（三）参与期货交易需要限定交易次数

在总体持仓及单品种持仓比例已经确定的情况下，交易次数是另外一个重要的资金管理手段。虽然每次风险量控制在一定水平，但如果交易次数很多，那么同样会暴露很大的总体风险。一般过度交易往往是交易者对即将发生的行情过度自信的结果。当确信自己对后市发展有十足把握时，对于资金的风险，似乎不那么在乎了，这恰恰是情感战胜理智的例子。

如果仅仅靠情感就可以进行交易，资金管理就不需要了。所以，在期货交易有所斩获的人，一般都是能够最大程度控制损失的交易者。交易中判断失误在所难免，但如何能够将一个小的错误不发展为灾难性的后果才是重要的。

十一、止损在期货投机中真的那么重要么？止损有哪几种方法？

在市场中交易的老手无一例外地会告诉"菜鸟"，如果不止损，将无法在市场中长期生存，所以盈利之前，保持资金安全是最重要的。这些说法都无一例外地在"菜鸟"变成"老鸟"时变成了至理名言。

止损真的那么重要么？小林在期货市场中一直挣挣赔赔，没有太大变化，他总是说不需要止损，扛着就能将亏损熬成盈利。但这一次的经历让他终生难忘：小林在2014年动力煤价格下跌中满仓做空，而且还不断浮盈加仓，将账户从2万元翻到20万元，整整10倍，这种战绩让他周围的人艳羡不已。但命运仿佛跟他开了一个玩笑，2014年3月底，动力煤开始反弹，小林由于不懂资金管理及止盈止损，在满仓的情况下将原有利润全部回吐，甚至开始危及本金。随后动力煤期货触及年内反弹高点540元/吨，但已经平仓的小林像做了一场"黄粱美梦"，所有的利润一去不返。

大部分在市场中征战的投资者可能都对此十分熟悉，但这种事情经常发生。在这笔糟糕的交易中，止损和止盈是救命和挣多少钱最直接、最重要的一步。

那么在动力煤期货投机中止损的方法有哪些呢？本节介绍的止损方法大致有以下几种。

（一）资金止损

通过预先计算出自己在一次交易中能够接受的亏损量，然后把它作为一个止损点。这种方法有几个优势，首先，这类止损并不是那么容易预测，很多人计算不出他们的入场点，因此就不知道止损该是多少钱，但只要开始一笔交易后，止损就可以明确了。需要注意，这种止损需要结合头寸管理。

小郭一直以来都是职业操盘手，对投机有自己的理念，并形成了一整套适合自己并行之有效的操作系统。小郭属于日内波段，平均每天交易2~3笔，他要求自己每次开仓仓位低于50%，止损设在1%以内。比如，10月21日，TC1501盘中突破513元/吨的低点，小郭立即建立空头头寸，但日内价格却在创出新低后大幅反弹，止损位为515.5元/吨。此时如果不立刻止损，未来几天动力煤将大幅上涨，对小郭的资金造成很大危害。

（二）技术止损

正如渠道突破和移动平均理念可以被用作入市一样，它们也可以用作止损。移动平均线交叉点作为入市技术已经被运用多年，同样它可以作为离场的止损指标，也就是当两根移动平均线再次交叉并与开仓方向相反时，基本就形成了一个反向离场的信号。例如，若持有一个空头头寸，当10日移动平均线超过20日移动平均线向上交叉，那么就可以有一个抛出当前头寸的止损和一个进入相反方向的入场信号。当然这类系统的一个问题就是止损并不明确，止损额却比较大，且范围不固定，容易产生很大的资金回撤。

例如，动力煤价格在510～530元/吨之间形成一个平台，当价格向下突破510元/吨时，投资者放空1手，可能价位会在508元/吨。若价格翻转回到平台，并突破区间上边沿530元/吨才是止损位，此时整体止损将扩大到22元，也就是每手止损额是整体保证金4%以上。这种方法止损可能会回吐大量利润。

（三）时间止损

市场中一些风险偏好较低的专业投机者会用到这个方法，如果一个头寸不是很快朝着你预期的方向变动的话，它可能就不会再变了。时间止损告诉你在一个固定时间段如果还没有获利，或者是一次任意水平的利润都没有，那么就该抛出该头寸。

如果你是一个长期交易商，就不要用这种止损，否则当你预期的大波动突然来临时就无法再次有好的点位；如果你喜欢短线交易，那么时间止损对你来说可能就会是一件很不错的工具。但是使用时间止损之前，最后在你方法的结构框架下检查一下它的有效性。例如，以三天为一个单位进行时间止损，是否会出现较大的反向波动，这样可能会出现很大的亏损。

（四）心理止损

如果你对市场有一种很好的直觉，那么也可以考虑心理止损，长期生存在这个市场中并且有优秀成绩的交易员盘感较其他人更为有效，他们比较青睐这种类型的止损。但对于业余投资者而言，我们并不推荐这种止损。因为没有指定严格界限而使心理价位不断放松，从小止损变为大止损，甚至没有止损。例如，不管你是在处理紧急要务、家庭纠纷或在旅途中，只要感到心理不适时，就应该及时抛出所有头寸。

总之，止损就像一盏红灯，你可以闯过它，但你这么做可能十分不安全。学会正确、适当的止损是成为优秀交易员的必备课程。

自测题

一、单选题

1. 按参与动力煤期货目的的不同,交易者可分为(　　)两类。
   A. 投机者和套保者　　　　B. 投机者和套利者
   C. 套保者和套利者　　　　D. 投机者和投资者

2. 利用同一期货品种不同合约价格差异进行套利属于(　　)。
   A. 跨期套利　　　　　　　B. 跨商品套利
   C. 跨市场套利　　　　　　D. 期现套利

3. 通过分析期货商品的供求状况及其影响因素,来预测期货价格变化趋势的方法是(　　)。
   A. 技术分析方法　　　　　B. 基本面分析方法
   C. 投资心理分析　　　　　D. 历史数据分析

4. 下列(　　)在交易中对交易影响最大。
   A. 系统　　　　　　　　　B. 资金管理
   C. 历史数据　　　　　　　D. 心理状态

5. 设置止损是允许价格回撤到入市点的某个百分比,这种止损方式是(　　)。
   A. 资金止损　　　　　　　B. 百分比撤回止损
   C. 波动性止损　　　　　　D. 支撑和阻力位止损

二、多选题

1. 期货投机交易的形式有(　　)。
   A. 价差投机　　　　　　　B. 套利交易
   C. 现货交易　　　　　　　D. 厂库仓单交易

2. 在期货市场中,预测价格的方式主要有(　　)。
   A. 基本面分析　　　　　　B. 历史数据分析

C. 技术分析方法　　　　　D. 投资心理分析

3. 下列（　　）成本属于套利成本。

　　A. 交易成本　　　　　　B. 交割成本

　　C. 运输成本　　　　　　D. 仓储成本

4. 套利相对于担保价差投机者的优势有（　　）。

　　A. 套利风险较小　　　　B. 套利成本较低

　　C. 价差比价格更容易预测　　D. 套利风险较大

5. 在供求关系分析中，影响需求的变量有（　　）。

　　A. 期初库存量　　　　　B. 国内消费量

　　C. 出口量　　　　　　　D. 期末商品结存量

三、判断题

1. 期货投机是一种赌博行为。　　　　　　　　　　　　　　（　）

2. 期货投机具有促进市场价格自动调节，使产品价格合理化的功能。
　　　　　　　　　　　　　　　　　　　　　　　　　　　（　）

3. 相比于期货投机，套利交易的风险和成本较低。　　　　　（　）

4. 跨期套利策略利用同一商品不同月份的期货价差变动来投机。
　　　　　　　　　　　　　　　　　　　　　　　　　　　（　）

5. 期货商品的性质不可能完全相同，所以利用商品之间的可替代性套利不可行。　　　　　　　　　　　　　　　　　　　　　　（　）

6. 仓储成本也是套利成本的一种。　　　　　　　　　　　　（　）

7. 期现套利可以缩小期货市场与现货市场间的价差。　　　　（　）

参考答案

一、单选题

1. A　　2. A　　3. B　　4. D　　5. B

二、多选题

1. AB   2. AC   3. ABC   4. ABC   5. BCD

三、判断题

1. 错   2. 对   3. 对   4. 对   5. 错   6. 对   7. 对

第七章

期货公司如何帮助企业实现风险管理

本章要点

本章主要简述期货公司给现货企业提供的一些创新性风险管理业务，如期货公司风险管理子公司可以面向实体企业开展包括仓单服务、合作套保、定价服务、基差交易等在内的个性化业务；通过这些创新业务服务体现期货为实体企业提供保驾护航的期货工具功能，使实体企业在风险管理中提高企业竞争力和经营运转顺畅。

 一、期货公司提供的风险管理服务有哪些？

根据中国期货业协会发布的《期货公司设立子公司开展以风险管理服

务为主的业务试点工作指引》，期货公司风险管理子公司可以面向实体企业开展包括仓单服务、合作套保、定价服务、基差交易等在内的个性化业务。

二、什么是仓单服务？主要有哪几种模式？

仓单服务是指期货公司风险管理子公司为实体企业客户提供仓单串换、仓单回购、仓单收购、仓单销售等业务。了解仓单服务首先要区分标准仓单和非标准仓单。

标准仓单是指由期货交易所指定交割仓库，按照交易所规定的程序签发的符合合约规定质量的实物提货凭证。标准仓单经交易所注册后生效。以大商所为例，标准仓单的内容主要包括会员名称、会员号、客户名称、客户码、品种、有效期、仓库名称、数量等。标准仓单也是在交易所办理标准仓单交割、交易、转让、充抵、注销的凭证，受法律保护。

非标准仓单是现货市场中的仓单，指保管人应存货人的请求而签发的以给付一定的物品为标的的一种有价证券。仓单包括存货人的名称或者姓名和住所；仓储物的品种、数量、质量、包装、件数和标记；仓储物的损耗标准；储存场所；储存期间；仓储费；仓储物已经办理保险的，其保险金额、期限以及保险人的名称；填发人、填发地和填发日期。

期货市场交易的商品，由于种种原因，也不可能都进入期货交割仓库并制成标准仓单。这些商品在某些时期也有出售、质押等需求。据不完全统计，国内标准仓单市场的规模约为200亿元，非标准仓单市场规模则达到25万亿元。多数现货生产、贸易及流通企业对于市场波动和货物监管的风险控制能力低于期货交易所和期货公司，对高风控能力合作伙伴的需求十分迫切。

目前期货公司在仓单服务中大多只是充当一种中间人角色，而设立风险管理子公司，在被赋予仓单串换、回购、收购、销售等一系列的准入许可之后，相当于成为现货市场上一个独立的主体，与实体企业一样拥有买卖现货的权利,而这里的现货就是仓单。如此这样,有买卖仓单需求的客户更容易找到对手方,仓单市场的流动性大大增加。此外,基于期货公司在套期保值上的经验优势,风险管理子公司可以将买卖仓单与套期保值相结合,多层次、多手段地帮助实体企业解决生产经营中的难题。当然,仓单服务的顺利开展,需要期货公司拥有较强的现货背景基础和相对充足的仓单资源。

三、什么是仓单串换?

风险管理子公司通过提前交割业务生成仓单池,为客户提供标准仓单串换服务。协调仓单持有方、需求方、仓库、期货交易所等,串换企业正常生产不受影响,风险管理子公司收取服务费或赚取价差。

根据客户的不同目的,仓单串换业务可以分成两种操作方式:一种是以交换非通用仓单交割仓库为目的,称为仓单交换的平台;另一种是以仓单购销为目的,称为仓单交易的平台。风险管理子公司开展仓单串换业务,可以充当期货公司的角色,也可以取代其中一方客户的角色。

(一)仓单交换平台

为解决客户在交割过程中由于接到的仓单比较分散或者交割库较远所导致的不便于集中出库或者销售的问题,产生了仓单串换的需求。参与的双方客户都持有仓单,是一个双向转让的过程,并且不涉及货款和发票的流转。操作方式也比较简单,双方客户签订《仓单转让协议》,通过交易所的电子仓单系统协助双方客户交换仓单对应的交割库即可。

(二)仓单交易平台

此平台主要满足客户之间进行仓单购销的需求。其中一方客户持有仓单,是一笔单向的转让,同时会涉及货款和发票的流转。子公司可以作为中间人,对掌握的客户资源进行配对,收取仓单转让费用;也可以作为其中的一方客户，直接参与购销业务。具体操作可以参考仓单收购流程。

 四、仓单串换业务有哪些风险？

风险管理子公司在开展仓单串换业务过程中，可能遇到的风险包括串换标的界定、财务处理、履约保证等方面。

（一）仓单串换标的的界定

目前，相关业务指引并未对仓单串换的标的进行界定，即标准仓单或非标准仓单。如果仅限于标准仓单之间的串换，虽然在一定程度上可以降低业务实施的风险，但却大大缩小了业务的标的范围。标准仓单与非标准仓单、非标准仓单之间的串换，是否涉及业务许可；同时，涉及非标准仓单的串换业务对风控手段也有更高要求。

（二）仓单串换业务的财务处理

仓单串换涉及的业务主要是存货，交换不涉及或只涉及少量的货币性资产，通常补价不超过整个资产交换金额的25%。仓单串换用不需要物流的方式实现了货物空间上的转移和货物权属的变更，使之更加符合客户需求。仓单串换业务的财务处理适用于企业会计准则中"以物易物"形态的非货币性资产交换的相关规定，即仓单串换的双方都应按所交换仓单确认的公允价值开具增值税专用发票或其他合法票据，对换入的货物也应按非货币性资产交换准则予以执行。

（三）仓单串换的履约保证，即串换双方的信用风险

仓单串换的一方有可能提供假仓单，尤其是在非标准仓单中出现的可能性更大。一方面，风险管理子公司可以利用自身的客户资源和专业优势，为仓单串换的供需双方提供信息撮合服务；另一方面，风险管理子公司作为服务提供者，可以提高客户准入门槛，严格审查客户资信水平，建立客户诚信档案，跟踪业务进度，严防信用风险，保证双方履约（见图7-1）。

| 客户甲
转出标准仓单
收到仓单货款 | 子公司
提供仓单串换平台
收取仓单串换服务费用 | 客户乙
转入标准仓单
支付仓单货款 |

图7-1　仓单串换的业务流程

案例7-1

不同交割库之间的仓单串换业务

郑州商品交易所在环渤海五港和广州港、房城港及可门港分别设有交割场库。秦皇岛5 500大卡/千克动力煤现货价格为530元/吨。TC1409合约价格为530元/吨，交割成本为5元/吨，北方五港至广州港运费为60元/吨，场库升贴水为25元/吨。至长江口的上海港运费为40元/吨。甲公司在广州港买入交割仓单10 000吨，欲运到长江沿岸电厂，甲公司运输到长江口岸运费20元/吨，加上成本高于由秦皇岛运到长江口的采购成本。甲公司在广州港没有客户，就地消化这批货有难度。乙公司是广州港某电厂，目前在秦皇岛港有10 000吨的仓单。鉴于以上情况，期货公司风险子公司分别联系甲、乙两家公司，通过贸易进行仓单串换。经协商如下：甲公司以570元/吨的价格，乙公司以530元/吨的价格将仓单销售给风险子公司，子公司通过贸易进行仓单串换，甲得到530元/吨的秦皇岛价格运至长江口到岸价格575元/吨，比广州港到岸价格节省5元/吨。子公司以580元/吨的价格卖给甲公司，比到岸价格595元/吨节省15元/吨。子公司获得10元/吨的收益，三方都节约了成本并获得了不错的收益。

案例7-2

标准仓单串换业务

郑州商品交易所在秦皇岛交割标准品级为5 500大卡/千克动力煤，

5 000大卡/千克发热量阶梯升贴水为90元/吨。当前秦皇岛5 500大卡/千克离岸价格为530元/吨,按郑州商品交易所升贴水标准计算5 000大卡/千克离岸价格应为400元/吨。当前现货5 500大卡/千克价格为535元/吨,而由于缺货,5 000大卡/千克价格为420元/吨。甲乙两家发电企业锅炉设计分别适用5 500大卡动力煤和5 000大卡动力煤。甲通过期货公司在郑州商品交易所获得5 000大卡/千克的交割仓单10 000吨,而乙通过期货公司获得5 500大卡/千克的交割仓单10 000吨。双方交割现货均无法满足要求。

鉴于以上情况,风险管理子公司分别联系甲、乙公司,通过贸易进行仓单串换。经协商如下:甲、乙公司分别以530元/吨、400元/吨的价格将仓单销售给风险管理子公司,风险管理子公司以530元/吨的价格将乙公司仓单销售给甲公司,同时将甲公司仓单以410元/吨的价格销售给乙公司。

通过以上串换业务,乙公司以低于市场10元/吨的价格获取企业所需仓单,甲公司以市场价格获得所需现货,而风险管理子公司则获取10元/吨贸易利润作为服务费用。

五、什么是仓单买断?

所谓仓单买断,即买断仓单的所有权和处置权,这与仓单质押有着本质的区别。买断仓单所有权以后,面临的客户违约风险随即降低。仓单回购和仓单收购业务均可归入仓单买断的业务范畴。相比前面介绍的交易所和商业银行两种仓单质押途径对资金用途的限制,仓单买断业务的资金使用范围不受限制,这也是该项业务能够得到客户欢迎的前提条件。

与现行的质押业务模式相比,买断业务存在一些不足之处。买断合同可能以双方协议的形式为主,主要考虑到《期货公司设立子公司开展以风险管理服务为主的业务试点工作指引》明确规定期货公司要与子公司之间建立严格的业务隔离制度,也就是说买断合同可能只涉及双方当事人,风险控制主要依赖于子公司,期货公司不能作为第三方进行监控。此外,子公司自有资金规模有限，资金来源也是一个重要问题。

仓单买断业务的主要风险有三个方面。第一，合同本身的风险，包括合同是否受法律保护、合同条款是否完整清晰，以及违约和纠纷的处理地点是否有具体的约定等。这些都是在签订合同之前应该注意的事项。第二，操作风险，卖出保值建仓时机的选择以及建仓价格至关重要，同时标准仓单必须过户，以防止节外生枝。第三，对于客户违约风险、仓单处置风险也需要有充分的准备。此外，还要注意持有仓单风险，包括仓单贬值和仓单到期风险。在仓单贬值方面，可以参考交易所和银行的相关规定。不同品种仓单的有效期规定也不同，在开展仓单买断业务时需要特别关注（见表7-1）。

表7-1　　　　　　　　仓单买断与银行质押对比表

主要项目	仓单买断	银行质押
资金用途	没有限制	有严格限制
资金规模	有限	宽松
收益来源	利差收入、保值收益	质押利息收入
主要风险	操作风险	客户违约风险

总体来说，仓单买断相对于银行质押的灵活性更高，能够为子公司业务的开展提供更加广阔的创新空间。同时，仓单买断的资金占用量也会更高。由于子公司的自有资金规模有限，资金来源是需要解决的问题，可以考虑与商业银行进行合作。子公司需要流动资金，而银行不能直接通过期货市场来规避仓单风险，在仓单处置方面也有一定障碍，双方可以进行优势互补。子公司与银行之间有很多业务模式可以探讨，合作空间很大。另外，子公司买断仓单所有权后，客户违约风险相对降低，不必面临客户经营管理、资金周转以及信用违约等带来的风险，转而重点关注子公司操作风险，这对期货公司来说应该更加擅长。

仓单买断案例

甲方客户是一个产地的现货贸易商。甲方客户准备从产地发运一船动力煤，卖到期货盘面进行交割，因为资金周转问题，与风险管理子公司协商进行仓单买断业务。

操作方式：双方约定由甲方将符合交割质量标准的动力煤发至郑商所指定交割仓库，注册标准仓单后转让给风险管理子公司，子公司按约定数量在 TC1409 合约卖出保值交割。

相关费用计算：标准仓单生成前的所有费用（产地到交割库的运输、损耗、入库、保管、检验注册费用和升贴水）、期货交易和交割手续费，仓储费均由甲方承担，各项费用收取标准按交易所和期货公司标准执行；资金占用费按年 6% 计算，包括持仓保证金占用的资金、乙方预付货款及垫付的各项费用占用的资金。

付款方式：合约签订后风险管理子公司即按约定数量在 TC1409 合约卖出开仓，按实际开仓价格支付 20% 预付款，标准仓单转让后支付甲方 60% 货款，实物交割后扣除相关费用支付余款。

增值税发票的开具：由买、卖双方根据交割结算价开具。先由甲方开具给风险管理子公司，再由风险管理子公司根据交割配对情况为接货方开具，提交时间为交割配对后 7 个工作日内。

案例分析：上述案例中，甲方获得了收购资金，扩大了业务规模，同时在期、现货市场之间建立了一个完整的购销渠道，从而实现了自身能力所达不到的现货收购量及期货交割量。风险管理子公司提供了融资渠道，收取了资金费用，同时采用标准仓单转让后付款、实物交割还款以及根据交割结算价开具增值税发票的方式，规避了以上环节可能存在的风险，在锁定收益的前提下扩大了期、现货贸易规模。

六、什么是仓单收购？

仓单收购业务可以定义为以博取价差收益为目的的业务，即子公司通过收购标准仓单直接参与期、现货市场的套利操作。如果说回购是相对稳健的操作模式，那么收购就要面临更多风险。一方面由于是一次性结付，所需资金量较大；另一方面是仓单处置风险，常用的处置方式是通过期货市场卖出保值交割,但需要把握好时机。另外,期、现套利也要有足够的价差空间才能进行操作。具体的操作模式相对比较简单——收购仓单、卖出交割;费用分担以仓单转让为界限,比较清晰。

七、什么是仓单回购?

仓单回购业务是指仓单转让企业将仓单出售给仓单受让企业时同时签订回购协议,约定回购相关条款,然后由受让方根据协议支付首付款,双方完成仓单所有权的过户后,受让方在扣除一定比例仓单价值波动风险押金以及仓储费等其他费用之后支付余款的业务模式。

仓单回购的流程是:双方签订回购协议,约定回购的价格和时间,确定回购费用;然后,子公司根据协议支付订金,双方进行仓单所有权的转移,预留出回购费用以及仓储费等其他费用之后支付余款。按照标准化的操作流程,资金的流转应当对应增值税发票的流转。而实际操作过程中,可以根据客户的实际情况做出相应的调整,关键要保证在合法、合规的前提下,风险处于可控的范围内。

同时,风险管理子公司在协议期间内,取得标准仓单所有权以后,可以对仓单进行自由操作。例如,通过交易所和银行进行二次融资,只须保证协议到期时能够提供相应数量和品种的仓单即可(见图7-2)。

对于生产加工型企业而言,仓单回购业务可以缓解企业生产期间因持续收购原材料而导致的流动资金紧张问题;对于贸易型企业而言,仓单回购业务可以解决大量库存商品占压流动资金的问题。

现货子公司的仓单回购业务可以划分为两种类型,即标准仓单回购业务、非标准仓单回购业务。标准仓单回购业务是指双方企业之间合作购销的仓单为交易所标准仓单;非标准仓单回购业务是指双方企业之间合作购销的仓单为非标准仓单。

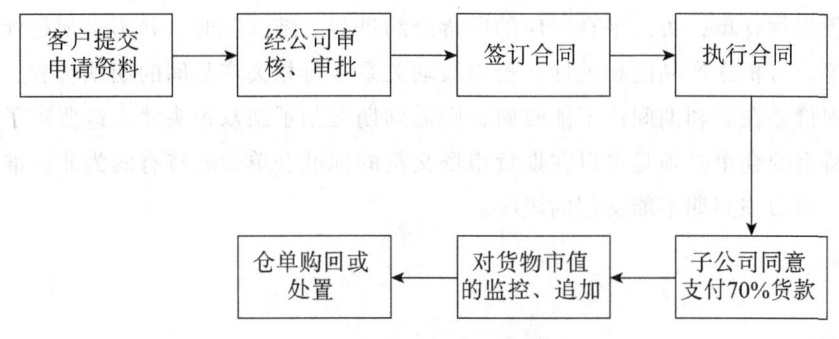

图7-2 仓单回购的业务流程

八、仓单回购有哪些风险?

若收购与销售业务拓展到非标准仓单的范围,则仓单收购与销售可视同一般的现货贸易,将面临所有一般现货贸易的风险。

(一) 价格波动风险

现货子公司签订仓单收购或销售合同后,要根据持有或即将持有的仓单敞口风险,制订相应的套期保值方案,规避货物价格波动的风险。

(二) 客户信用风险

客户信用风险的表现之一就是仓单的真实性,是否存在争议或其他权利瑕疵,是否存在与仓库合谋进行重复质押的套现行为;另一方面,足额开票风险也是不得不面对的风险之一。

(三) 期现套利的基差风险

现货子公司进行仓单购销的目的之一便是获得期现套利的低风险收益。在正向套利中,买进现货仓单,卖出远月期货合约,若价差回归,则可通过销售现货仓单，买入平仓对应的期货合约进行了结，此时，并不必须是标准仓单，可根据产品的相关性和价差波动关系进行相关产品间的期现套利。若期现价差在套利期间内不能收敛，则需到期交割了结双边头寸，这要求子公司持有的仓单必须是可以在期货市场交割的标准仓单，若持有的为非标准仓单，则面临到期不能交割的风险。

九、什么是仓单质押？

仓单质押业务是指：仓单质押企业将仓单质押给仓单受让企业时同时签订赎回协议，并约定第三方担保，约定赎回相关条款，然后由受让方根据协议支付首付款，双方完成仓单所有权的过户后，受让方在扣除一定比例仓单价值波动风险押金以及仓储费等其他费用之后支付余款的业务模式。

标准仓单质押融资业务是近年来产业客户普遍采用的一种融资方式，其运作模式相对比较成熟和规范，可以为子公司即将开展的仓单买断业务提供很好的参考和借鉴。目前的操作途径主要是通过期货交易所和商业银行进行，也有少量通过非银行类金融机构以及一些担保公司、仓储公司等其他途径进行。由于通过其他途径操作的规范性还有待商榷，本文仅对交易所模式和商业银行模式进行分析。

（一）交易所模式

为了与商业银行模式区分，该业务在期货交易所统一称为"标准仓单充抵保证金业务"。该业务主要是为了向持有标准仓单且交易保证金紧张的客户提供一个便捷的融资渠道。期货交易所对质押资金的用途有严格限制——不能提取现金，只能作为交易保证金使用。同时，期货交易所对该业务只收取少量手续费，可以说，交易所开展这项业务不是以营利为目的，而是以服务产业客户、扩大交易规模为目的。

期货交易所的标准仓单充抵保证金业务流程非常简便。只需客户提出申请、交易所相关部门进行仓单冻结并计算充抵额度，申请当天资金就能到账；不需要复杂的申请材料，也不需要繁琐的审批手续，只要客户拥有标准仓单的所有权，并且仓单处于流通状态，就可以办理。此外，标准仓单的解质流程也十分便捷。

（二）商业银行模式

商业银行模式对即将开展的仓单回购业务更加具有借鉴意义。目前包括五大结算行在内的多家商业银行都在积极开展这项业务。与交易所模式相比，其重要区别是对资金用途的限制。银行规定，资金只能用作正常的生产经营以及现货收购，不能从事期货交易和相关投资活动。质押利率参考同期商业贷款利率执行，并在此基础上有一定上浮空间。

与交易所模式相比，商业银行质押业务流程相对繁琐。银行对客户资质有较为严格的要求，从客户准备申请材料开始，到银行完成审核、签订合同、办理质押登记并发放贷款，需要一个比较长的时间周期。而且，银行在操作过程中一般都需要期货公司参与，主要是起到第三方监控的作用。

总体来说，交易所模式的优点是审批时间短、手续简便、费用低、赎回方便。不足之处一是资金的使用范围受限——只能作为期货交易保证金使用，不能折抵亏损、费用等，相应的手续费、仓储费等只能用货币资金结清，且不能提取现金，对某些套期保值者或现货商来说，资金使用范围的限制不能满足其进一步购买现货或进行正常生产经营活动的需求。二是不能先交割后还款——如果客户有标准仓单质押在交易所，同时又要卖出交割，则需先行赎回仓单进行交割，随后才能取得交割货款，给客户造成一定程度的不便。

商业银行开展仓单质押业务的时间虽不长，但很多银行在质押业务上投入了较大精力，经过几年的摸索已设计出一系列符合客户需要的质押模式。例如，在传统的已有仓单质押模式基础上，研究推出了针对买方客户的拟交割标准仓单模式，也就是"先贷后质"的业务模式，先融资接货，接到仓单以后再质押；另外，还针对交易所质押业务的一些缺陷推出了交割还款模式等。不过，银行的质押业务规模目前十分有限，可能是银行对于客户资质的要求、相对繁琐的审批手续和批复的时间周期过长等因素限制了客户需求。

在仓单质押风险方面，对于交易所模式，由于标准仓单本身就在交易所的控制范围内，且交易所只对会员不对客户，所以基本上不用考虑客户违约风险，只要控制仓单市值下跌的风险即可；而银行首要考虑的是客户违约风险，其次是仓单贬值和仓单处置的风险，还有自身操作风险等等。

十、什么是定价服务？主要包括哪几种模式？

定价服务是在基差贸易的基础上为现货企业提供点价交易、均价交易等个性化的定价和风险管理工具。

（一）点价交易

点价交易是指买卖双方约定，在未来某个时间，双方以某期货市场相关品种的收盘价或盘面价加上约定的基差值，作为履约价格完成现货转让的交易。

点价服务流程：

1. 业务申请。由风险管理子公司对市场机会进行跟踪并进行业务申请，制定标准的业务操作计划。

2. 签署合作协议。期货公司与客户签署《现货定价服务协议》或《现货贸易合同》。客户预付20%定金。

3. 业务实施。合同签署后，由风险管理子公司与客户商讨确定交易计划并执行。

点价服务业务：风险管理子公司确认客户预付款到账后，通过期货公司开立的期货账户，按照约定的品种、月份、价格区间建立期货仓位，监控期货账户风险，按期支付保证金，完成交割，获取仓单。待客户支付全额货款后，将仓单过户客户，或客户预付款到账后，期现服务部通过现货市场直接采购，业务人员与客户办理销售手续，收取货款。

风险管理子公司人员发起业务并获批后,在实施业务中,若市值跌幅超过客户支付的委托预付款的20%时,向客户提出预警;若市值跌幅超过客户委托收购预付款50%时,向客户发出追加预付款至预警线之上的通知;如客户未按时履约或追加预付款,则及时发起风险处置。如期货建立多头头寸买入交割,若客户违约则及时平仓终止业务;如收购客户仓单后客户违约未购买,则及时建立期货卖出保值头寸、交割,或现货销售仓单并平仓保值头寸,产生的损失按合同约定以客户预付款弥补。

4. 业务完成。根据定价服务协议,期货公司与客户完成仓单的交割,双方按照购销合同结算货款,过户仓单,开具增值税发票,完成交易。

点价交易实际案例:奥星公司点价模式

期货市场对现货经营的稳定作用不仅体现在企业的经营方式上,还体现在现货市场价格的制定环节上。2008年9月以后,油脂现货市场价格暴跌,面对单边下跌的市场,很多下游贸易商在从购销合同签订到运输的过程中承担了巨大的路途风险,因而不敢下订单,威胁到油脂生产企业的销售。

在这种情况下,奥星公司率先推出了升贴水报价模式,与贸易商约定:贸易商先把货款以高于市场价格的价格支付给奥星公司,待货物到达销区后以约定时间内任意一天的当日期货收盘均价加上预定的600~800元/吨的升水价格,作为双方成交价格。

通过期货点价和升贴水模式打消了贸易商的在途价格风险顾虑,维持了公司的正常销售,加速了公司的资金流转,又极大地扩大了客户销售网络。通过这种升贴水报价模式,仅2008年7~11月奥星公司菜籽油贸易量就达3万多吨,直接贸易获利1 000多万元,不但弥补了前期菜籽收购亏损,而且使下游客户能够很好地规避风险,实现双赢。目前,已经有西安油脂公司、陕西建兴油脂公司、四川金府油脂公司、广安巨泰、川新粮油等近10家现货企业开始与奥星公司开展期货点价贸易,稳定了供销关系,取得了良好的经济效益。

(二) 均价交易

均价交易是约定按照月度或季度的贸易或期货市场的平均成交价来结算的一种贸易方式。这种结算方式在铜、铝以及PX、PTA等品种上比较普遍。

1. 业务申请。风险管理子公司对客户需求进行跟踪并进行业务申请，制定标准的业务操作计划，其中包括业务操作计划与风险处理方案。

2. 签署合作协议。期货公司与客户签署《现货定价服务协议》或《现货贸易合同》。

3. 业务实施。合同签署后，风险管理子公司确定交易计划并执行。

均价服务业务，包括远月连续合约价格，根据均价合同里面的定价模式来确定。快到期时，比较期货及现货价格，再选择是直接购入仓单还是平掉头寸，或现货购入交付客户。期、现服务部与客户确定交易的品种、时间、数量和定价模式。

4. 业务完成。根据定价服务协议，期货公司与客户完成仓单的交割，双方按照购销合同结算货款，过户仓单，开具增值税发票，完成交易。

 十一、什么是基差交易？

基差是指某一特定商品在某一特定时间和地点的现货价格与该商品在期货市场的期货价格之差。随着点价交易的出现，一种将点价交易与套期保值结合在一起的操作方式也随之出现，即基差交易。

基差交易是指以某月份的期货价格为计价基础，以期货价格加上或减去双方协商同意的基差来确定双方买卖现货商品价格的交易方式。基差定价是以期货价格为基础的一种定价模式，在发达国家，大宗商品贸易定价基本上都是通过基差交易来实现的。

这种模式的有利之处在于，买卖双方只需在期货价格的基础上谈判一个品质或交割地的升贴水，不仅成交价格公开、权威、透明，而且大大降低了交易成本。

不管现货市场上的实际价格是多少，只要套期保值者与现货交易的对方协商得到的基差，正好等于开始做套期保值时的基差，就能实现完全套期保值，取得完全的保值效果。如果套期保值者能争取到一个更有利的基差，套期保值交易就能盈利。

基差交易的实质，是套期保值者通过基差交易，将套期保值者面临的基差风险通过协议基差的方式转移给现货交易中的对手，套期保值者通过基差交易可以达到完全的或盈利的保值目的。

基差交易在国外运用已很广泛。由于期货价格现在已被视为反映现货市场未来供求的权威价格，现货商更愿意运用期货价格加减基差作为远期现货交易的定价依据。特别是在一些大型交易所中，许多会员都有现货经营业务，他们参加期货交易的主要目的就是套期保值，会员之间进行基差交易已有可能。基差交易大都是和套期保值交易结合在一起进行的。

十二、基差交易分为哪几类？

根据确定具体时点的实际交易价格的权利归属划分，基差交易可分为买方叫价交易和卖方叫价交易。如果确定交易时间的权利属于买方，则称为买方叫价交易；如果确定交易时间的权利属于卖方，则称为卖方叫价交易。

十三、基差交易与点价交易有什么区别？

点价交易只是针对现货买卖的一种报价交易方式，而基差交易则是在期货市场上同时进行套期保值操作规避风险的行为。因为在实施点价之前，双方所约定的期货基准价格是不断变化的，所以交易者仍然面临价格变动的风险。为了有效规避这一风险，交易者可以将点价交易与套期保值操作结合在一起进行操作，形成基差交易。二者之间的区别在于基差交易比点价交易多了套期保值程序。

买方叫价案例：

国内某贸易商计划于8月份购进发热量5 500大卡/千克的动力煤，价格515元/吨，此时TC1409合约的动力煤价格500元/吨，基差为15元/吨。6月份，贸易商与电厂约定，双方在8月份TC1409合约期价基础上升水15元/吨进行现货交易。现货交易时间范围为8月1日~15日，具体时间则由现货买方灵活决定。

卖方叫价案例：

6月份，该贸易商同时与产地矿方约定，在7月份TC1409合约期价基础上贴水10元/吨进行现货交易。现货交易时间范围为7月15日~31日，具体时间由卖方灵活决定。

贸易商于7月下旬待矿方交货后，在郑商所建立同等数量的期货卖出头寸，对收到现货进行保值。到了8月，电厂按照约定点价，贸易商发运货物同时在期货市场平仓。理论上，贸易商可获得25元/吨的基差收益，但由于交货衔接有一定的时间差，因此具体收益由期货市场上套期保值的效果决定。对供需双方同时点价经常出现在国际粮食贸易中，国际上著名的粮商，如嘉吉通常采用现货点价同时期货市场交换头寸的方式锁定利润。本案例中，贸易商对煤矿和电厂同时点价，但由于交货时间有所差别，不得不在期货市场上实施保值，因此在煤矿交货后，贸易商的模式由点价交易变为基差交易。

十四、什么是合作套保？

（一）合作套保业务

合作套保业务是指两家企业签订合作协议，合作一方在另一方需要通过期货市场建立套期保值头寸时提供部分资金支持和风险控制服务的业务模式。这是最深入地参与企业经营活动、发挥期货管理风险作用的最佳方式。针对不同企业的问题和需求制订出个性化的套保方案，才能最大限度地参与企业的经营，改善企业的风险环境，在相对较长的时间内实现企业利益最大化。企业的自身特点和需求各有不同，这也就要求子公司区别对待，个性化地参与合作。既然是防范、平抑风险的工具，套期保值的作用就不仅仅是套利，而是改善企业经营的有效武器。

期货公司风险管理子公司为实体企业在期货市场的套期保值提供部分资金支持以及交易、风险控制等方面的指导，能减小实体企业的资金压力，弥补其操作经验方面的不足，有利于套期保值目标的实现。

（二）合作套保业务类型

合作套保业务根据合作的程度可以划分为三种类型，即资金支持型、专业服务型以及业务产品化型。

资金支持型合作套保业务是指风险管理子公司提供部分资金支持，客户负责套期保值操作，子公司委托期货公司监控客户风险。

专业服务型合作套保业务是指风险管理子公司提供部分资金支持，子公司为客户提供交易与风控指导。

业务产品化型合作套保业务是指客户购买风险管理子公司的风险管理产品，将套期保值操作整体打包给子公司来操作。

 十五、合作套保业务具体流程是怎样的？

（一）业务申请

风险管理子公司根据客户需求，与客户协商制定合作协议，约定交易品种、采购与销售定价模式、数量及时间、违约责任等要约，并在协议中提示客户关注市场价格行情变化带来的风险。将协议提交期货公司风险管理部门，期货风险管理部门确定合作套保是否符合既定的业务内容，市场风险评估是否符合公司的风险管理要求。

(二) 资信审核

风险管理子公司对客户进行初步资信审核,包括对客户的法人性质、资本情况、产业情况、市场动态及客户的资信历史等情况进行综合评估,再提交合作套保服务协议申请;期货公司风险管理部门根据子公司客户资信评估管理办法对客户的资信评估结论进行审核,并建立客户档案,对客户档案中的客户资信情况做动态维护。如因客户原因或产业原因致使客户资信等级下降,风险管理部门将通知子公司停止与此类客户开展业务;如已开展业务,风险管理部门提出预警,加强对业务的跟踪与监督或协商终止交易。

(三) 签署合作协议

签署流程:经风险管理部门及授权领导审批,风险管理子公司与客户签署《合作套保协议》或《贸易合同》。

(四) 业务实施

合同签署后,风险管理子公司人员与客户商讨确定交易计划并执行。

合作套保业务,包括委托买入多头套保和委托卖出空头套保业务。子公司人员确认客户预付款到账后,通过公司在母公司开立的期货账户,按照约定的品种、月份、价格区间建立期货买入/卖出仓位,监控期货账户风险,按期实现约定,完成交易。待客户完成现货交易后,子公司完成期货账户平仓操作。财务部对客户现货账户和公司期货账户进行绩效核对,将信息向客户披露。

风险防范与处置:若期货与现货之间发现较大浮动并向客户不利的方向发展,风险管理子公司需及时按照协议规定通知客户追加保证金。如客户不按时履约或追加预保证金,则及时发起风险处置;如客户违约则及时平仓终止业务,产生的损失按合同约定以客户预付款弥补。

(五) 业务完成

根据合作套保服务协议,公司与客户完成套期保值操作,双方按照合作套保服务协议进行绩效评估,完成交易。

合作套保案例:

某电厂计划于 2014 年 9 月初购进动力煤用于发电,于是 4 月份决定在郑商所郑煤 1409 合约上买入套保,买入均价为 540 元/吨,买入数量为 500 手,建仓时占用保证金 270 万元,在不同月份需要占用的最大保证金数额如表 7-2 所示。

表 7-2　　　　　　　　合约保证金占用表

时间	郑煤 1409 合约保证金比例（%）	买入数量（手）	买入均价（元）	郑煤 1409 合约占用保证金（元）
2013 年 4 月	5	500	540	2 700 000
2013 年 5 月	5	500	540	2 700 000
2013 年 6 月	5	500	540	2 700 000
2013 年 7 月	5	500	540	2 700 000
2013 年 8 月	5	500	540	2 700 000
2013 年 8 月	10	500	540	5 400 000
2013 年 9 月	20	500	540	10 800 000

虽然该企业在期货市场上建立虚拟库存所用的资金远低于其直接从现货市场上采购所占用的资金,但在期货市场上所占用的保证金比例也不可小觑,特别是如果价格波动,所需保证金比例可能更大。

现货子公司开展的合作套保业务能很好地帮助企业解决资金问题,根据双方协商,现货子公司在该企业建仓时提供其所需保证金的 50%,合作套保业务期限为 4 个月,这样该企业能留出更多的资金用作其他生产经营活动。

合作套保案例——锦盈模式

锦盈模式,是在国有企业不便在期货市场上进行套期保值的情况下,由贸易商通过套期保值操作为企业规避价格波动风险的著名案例。在该案例中,锦盈贸易、内蒙古伊泰集团和江苏新海发电均达到各自的目标,在不改变原有贸易关系和惯例的情况下实现了共赢。

首先由锦盈贸易与新海电厂签订供货合同，由锦盈贸易在2014年1月，按照583元/吨的价格向新海电厂供应3万吨5 500大卡动力煤。锦盈贸易与伊泰集团约定同时在期货市场建仓。2013年11月25日，锦盈贸易买入150手TC1401合约，价格583元/吨，合计3万吨。11月29日，伊泰集团卖出150手TC1401合约，价格594元/吨，合计3万吨。随后，锦盈贸易与伊泰集团签订供货合同，按约定期货转现货。2013年12月25日双方期货转现货，平仓价格商定为585元/吨。现货交接由伊泰集团与新海电厂直接对接，将货物发往新海电厂。

本案例中，锦盈贸易实际履行的是现货子公司的功能，通过与卖方双方合作，在期货市场上为双方实施套期保值，锁定价格波动风险。锦盈贸易以585元/吨买入伊泰集团动力煤，并按照事前协议以583元/吨卖给新海电力，现货市场亏损2元/吨。同时以583元/吨的价格买入TC401合约，并以585元/吨平仓，在期货市场获利2元/吨；综合计算，盈亏持平。伊泰集团收到锦盈贸易585元/吨的货款，但在期货市场获利9元/吨。伊泰集团以594元/吨的价格销售煤炭，新海电力则以583元/吨的价格买进煤炭，锁定了市场波动风险，实现了套期保值目的。

自测题

一、不定项选择题

1.《期货公司设立子公司开展以风险管理服务为主的业务试点工作指引》规定，期货公司风险管理子公司可以面向实体企业开展包括（　　）等在内的个性化业务。

　　A. 仓单服务　　　　　　　　B. 合作套保
　　C. 定价服务　　　　　　　　D. 基差交易

2. 仓单服务是指期货公司风险管理子公司为实体企业客户提供（　　）等业务。

　　A. 仓单串换　　　　　　　　B. 仓单回购

C. 仓单收购　　　　　　　D. 仓单销售

3. 风险管理子公司在开展仓单串换业务过程中，可能遇到的风险包括（　　）等方面。

　　A. 串换标的界定　　　　B. 财务处理
　　C. 履约保证　　　　　　D. 资金问题

4. 仓单回购的风险有（　　）。

　　A. 价格波动风险　　　　B. 客户信用风险
　　C. 期现套利的基差风险　D. 违约风险

5. 仓单串换业务可以分成（　　）种操作方式。

　　A. 一种是以交换非通用仓单交割仓库为目的，称为仓单交换的平台
　　B. 另一种是以仓单购销为目的，称为仓单交易的平台
　　C. 风险管理子公司开展仓单串换业务，可以充当期货公司的角色，也可以取代其中一方客户的角色
　　D. 风险子公司充当中介业务操作

6. 基差交易分为（　　）类。

　　A. 根据确定具体时点的实际交易价格的权利归属划分，如果确定交易时间的权利属于买方，则称为买方叫价交易
　　B. 点价交易
　　C. 根据确定具体时点的实际交易价格的权利归属划分，如果确定交易时间的权利属于卖方，则称为卖方叫价交易
　　D. 价差交易

7. 定价服务是在基差贸易的基础上为现货企业提供（　　）。

　　A. 点价交易　　　　　　B. 均价交易
　　C. 套期保值　　　　　　D. 套利交易

8. 合作套保业务根据合作的程度可以划分为（　　）三种类型。

　　A. 资金支持型　　　　　B. 专业服务型
　　C. 业务产品化型　　　　D. 全面合作型

9. 点价服务流程包括（　　）。

　　A. 业务申请　　　　　　B. 签署合作协议
　　C. 业务实施　　　　　　D. 业务结束评价

10. 合作套保业务流程包括（　　）。
    A. 业务申请　　　　　　B. 资信审核
    C. 签署合作协议　　　　D. 业务实施
    E. 业务完成

二、判断题

1. 标准仓单是指由期货交易所指定交割仓库，按照交易所规定的程序签发的符合合约规定质量的实物提货凭证。（　　）

2. 非标准仓单是现货市场中的仓单，即指保管人应存货人的请求而签发的以给付一定的物品为标的的一种有价证券。（　　）

3. 仓单串换就是客户之间把所持有的仓单在场外进行互相置换，没有风险的一种现货交易方式。（　　）

4. 仓单回购业务是指：仓单转让企业将仓单出售给仓单受让企业时同时签订回购协议，约定回购相关条款，然后由受让方根据协议支付首付款。双方完成仓单所有权的过户后，受让方在扣除一定比例仓单价值波动风险押金以及仓储费等其他费用之后支付余款的业务模式。（　　）

5. 仓单回购业务几乎没有风险，风险都已转嫁给投机者。（　　）

6. 单质押业务是指：仓单质押企业将仓单质押给仓单受让企业时同时签订赎回协议，并约定第三方担保，约定赎回相关条款，然后由受让方根据协议支付首付款。双方完成仓单所有权的过户后，受让方在扣除一定比例仓单价值波动风险押金以及仓储费等其他费用之后支付余款的业务模式。
（　　）

7. 定价服务就是基差服务。（　　）

8. 点价交易即是在基差交易基础上的套利交易。（　　）

9. 基差交易的实质是套期保值者通过基差交易，将套期保值者面临的基差风险通过协议基差的方式转移给现货交易中的对手，套期保值者通过基差交易可以达到完全的或盈利的保值目的。（　　）

10. 合作套保业务是指两家企业签订合作协议，合作一方在另一方需要通过期货市场建立套期保值头寸时提供部分资金支持和风险控制服务的业务模式。（　　）

参考答案

一、不定项选择题

1. ABCD 2. ABCD 3. ABC 4. ABC 5. ABC
6. AC 7. AB 8. ABC 9. ABC 10. ABCDE

二、判断题

1. 对 2. 对 3. 错 4. 对 5. 错 6. 对 7. 错
8. 错 9. 对 10. 对

参考文献

陈鹏:《中国煤炭性质、分类和利用》,化学工业出版社2007年版。
郑州商品交易所:《动力煤期货投资手册》,2013年。
郑州商品交易所:《动力煤交割手册》,2013年。
张鸿儒:《套期保值》,地震出版社2011年版。

后记

本书是面向动力煤期货投资者的普及性读物，适合于动力煤上下游企业和普通投资者阅读。本书在写作手法上，主要以理论阐述和实例相结合，既有总结、归纳，也有分析、演绎；并结合具体案例，对动力煤生产、流通、消费等具体环节进行了介绍。本书遵循了通俗性、基础性、实用性、规范性的编写要求。语言浅显易懂，逻辑清晰明了。对新进入市场的投资者，尤其是产业投资者提供了较好的参考。

本书共分为七章内容。第一章介绍动力煤的分类、用途、资源分布、消费分布以及定价；第二章介绍动力煤期货合约的相关内容；第三章介绍动力煤价格的影响因素以及分析方法；第四章介绍生产企业、消费企业和贸易商如何运用动力煤期货；第五章介绍动力煤交割细则及运用；第六章介绍动力煤投机和套利的方法；第七章主要介绍动力煤期货的一些创新性运用和发展前瞻，为产业投资者提供新的思路。

作为《期货投资者教育系列丛书》之一，本书由中国期货业协会投资者教育部负责编写组织工作，余晓丽、刘保宁承担统筹任务。本书编写人员通过公开遴选，并经专家评审最终确定，格林大华期货有限公司研究所张朋程负责第一章、第二章、第三章、第七章的编写工作，黄福臣负责第四章的编写工作，高北权负责第五章的编写工作，第六章由张朋程和高北权合作撰写，李永民同志作为顾问对书稿提出了中肯的意见和建议。郑州商品交易所魏童同志对本书进行了审阅并提供了宝贵的意见。本书在编写过程中得到了中国期货业协会、郑州商品交易所、格林大华期货有限公司领导的指导和帮助，在此表示衷心感谢。书中错误之处，敬请批评指正。

《期货投资者教育系列丛书》编委会
2014 年 11 月 18 日